Lebender Mann

GK Chesterton

Writat

Diese Ausgabe erschien im Jahr 2023

ISBN: 9789359255484

Herausgegeben von
Writat
E-Mail: info@writat.com

Inhalt

TEIL I
DIE RÄTSEL DES INNOCENT SMITH

Kapitel I
Wie der große Wind nach Beacon House kam

Ein Wind wehte hoch im Westen, wie eine Welle unvernünftigen Glücks, und fegte ostwärts über England, wobei er den frostigen Duft der Wälder und den kalten Rausch des Meeres mit sich zog. In einer Million Löchern und Ecken erfrischte es einen Mann wie ein Krug und überraschte ihn wie ein Schlag. In den innersten Kammern komplizierter und überwucherter Häuser erwachte es wie eine häusliche Explosion, die den Boden mit den Papieren einiger Professoren übersäte, bis sie so kostbar wie flüchtig wirkten, oder die Kerze ausblies, bei der ein Junge „Die Schatzinsel" las, und ihn in Gebrüll hüllte dunkel. Aber überall brachte es Drama in undramatische Leben und trug den Trumpf der Krise um die ganze Welt. Manch eine geplagte Mutter in einem armseligen Hinterhof hatte auf fünf Zwergenhemden auf der Wäscheleine geschaut wie auf eine kleine, kranke Tragödie; es war, als hätte sie ihre fünf Kinder gehängt. Der Wind kam, und sie waren satt und strampelten, als wären fünf dicke Kobolde in sie hineingesprungen; und tief in ihrem unterdrückten Unterbewusstsein erinnerte sie sich halb an die derben Komödien ihrer Väter , als die Elfen noch in den Häusern der Menschen lebten. So manches unbemerkte Mädchen in einem feuchten, von Mauern umgebenen Garten hatte sich mit der gleichen intoleranten Geste in die Hängematte geworfen, mit der sie sich auch in die Themse geworfen hätte; und dieser Wind zerriss die wogende Waldwand und hob die Hängematte wie einen Ballon und zeigte ihr weit dahinter malerische Wolkenformen und weit unten Bilder heller Dörfer, als würde sie in einem Feenboot durch den Himmel fahren . Manch ein staubiger Angestellter oder Geistlicher, der über eine Teleskopstraße aus Pappeln stapfte, dachte zum hundertsten Mal, sie seien wie die Federn eines Leichenwagens; als diese unsichtbare Energie sie einfing, schwang und um seinen Kopf prallte wie ein Kranz oder ein Gruß seraphischer Flügel. Darin lag etwas Inspirierteres und Autoritätsvolleres als der alte Wind des Sprichworts; denn das war der gute Wind, der niemandem Schaden zufügt.

Die fliegende Explosion traf London genau dort, wo sie die nördlichen Höhen erklomm, Terrasse über Terrasse, so steil wie Edinburgh. In der Nähe dieses Ortes blickte ein Dichter, wahrscheinlich betrunken, erstaunt über all die Straßen auf, die in den Himmel führten, und gab ihm (wobei er vage an Gletscher und angeseilte Bergsteiger dachte) den Namen „Swiss Cottage", den er nie wieder loswerden konnte . Irgendwann auf dieser Höhe krümmte sich am westlichen Ende eine Reihe hoher grauer Häuser, größtenteils leer und fast so verlassen wie die Grampians, so dass sich das letzte Gebäude, eine Pension namens „Beacon House", plötzlich dem

Sonnenuntergang öffnete sein hohes, schmales und hoch aufragendes Ende, wie der Bug eines verlassenen Schiffes.

Das Schiff war jedoch nicht völlig verlassen. Die Besitzerin der Pension, eine Mrs. Duke, war einer dieser hilflosen Menschen, gegen die das Schicksal vergeblich kämpft; sie lächelte vage sowohl vor als auch nach all ihren Katastrophen; Sie war zu weich, um verletzt zu werden. Aber mit der Hilfe (oder besser gesagt auf Befehl) einer fleißigen Nichte behielt sie stets den Rest ihrer Klientel, meist junge, aber teilnahmslose Leute. Und tatsächlich standen fünf Insassen trostlos im Garten herum, als der große Sturm hinter ihnen am Fuß des Terminalturms brach, als das Meer gegen den Fuß einer herausragenden Klippe brach.

Den ganzen Tag über war dieser Häuserhügel über London gewölbt und von kalten Wolken bedeckt. Doch schließlich hatten drei Männer und zwei Mädchen sogar den grauen und kühlen Garten erträglicher gefunden als das schwarze und trostlose Innere. Als der Wind kam, spaltete er den Himmel, trieb die Wolkenlandschaft nach links und rechts und öffnete große, klare Schmelzöfen aus Abendgold. Der Lichtstoß und der Luftstoß schienen fast gleichzeitig zu kommen; und vor allem der Wind erfasste alles mit erdrückender Heftigkeit. Das helle, kurze Gras lag wie gebürstetes Haar in einer Richtung. Jeder Strauch im Garten zerrte an seinen Wurzeln wie ein Hund am Halsband und strengte jedes springende Blatt dem jagenden und vernichtenden Element an. Hin und wieder brach ein Zweig und flog wie der Bolzen eines Arbalisten. Die drei Männer standen steif und schräg im Wind, als lehnten sie sich an eine Wand. Die beiden Damen verschwanden im Haus; Vielmehr wurden sie, um ehrlich zu sein, ins Haus geblasen. Ihre beiden Kleider, blau und weiß, sahen aus wie zwei große zerbrochene Blumen, die im Sturm trieben und trieben. Eine solche poetische Fantasie ist auch nicht unangemessen, denn dieser Luft- und Lichteinbruch nach einem langen, bleiernen und ermüdenden Tag hatte etwas seltsam Romantisches. Gras und Gartenbäume schienen mit etwas zugleich Gutem und Unnatürlichem zu glitzern, wie ein Feuer aus einem Märchenland. Es schien ein seltsamer Sonnenaufgang am falschen Ende des Tages zu sein.

Das Mädchen in Weiß tauchte schnell genug ein, denn sie trug einen weißen Hut von den Ausmaßen eines Fallschirms, der sie in die bunten Abendwolken hätte tragen können. Sie war der einzige Hauch von Pracht und strahlte Reichtum an diesem mittellosen Ort aus (sie wohnte dort vorübergehend bei einem Freund), eine kleine Erbin mit Namen Rosamund Hunt, braunäugig, rundgesichtig, aber entschlossen und ziemlich ausgelassen. Abgesehen von ihrem Reichtum war sie gut gelaunt und sah ziemlich gut aus; aber sie hatte nicht geheiratet, vielleicht weil immer eine Menge Männer um sie herum waren. Sie war nicht schnell (obwohl manche sie vulgär genannt hätten), aber sie vermittelte unentschlossenen

Jugendlichen den Eindruck, beliebt und unzugänglich zugleich zu sein. Ein Mann hatte das Gefühl, als hätte er sich in Kleopatra verliebt oder als würde er am Bühneneingang nach einer großartigen Schauspielerin fragen. Tatsächlich schienen einige theatralische Pailletten an Miss Hunt zu hängen; sie spielte Gitarre und Mandoline ; sie wollte immer Scharaden; und als der Himmel von Sonne und Sturm zerrissen wurde, spürte sie, wie wieder ein mädchenhaftes Melodram in ihr aufstieg. Unter dem krachenden Klang der Luft hoben sich die Wolken wie der Vorhang einer lang erwarteten Pantomime.

Seltsamerweise war das Mädchen in Blau auch von dieser Apokalypse in einem privaten Garten nicht ganz unbeeindruckt; obwohl sie eines der prosaischsten und praktischsten Wesen der Welt war. Sie war in der Tat keine andere als die energische Nichte, deren Kraft allein dieses Anwesen des Verfalls aufrechterhielt. Aber als der Sturm wehte und die blauen und weißen Röcke anschwellen ließ , bis sie die monströsen Konturen viktorianischer Krinolinen annahmen, erwachte eine versunkene Erinnerung in ihr, die fast romantisch war – eine Erinnerung an einen verstaubten Band von *Punch* im Haus einer Tante in ihrer Kindheit: Bilder von Krinolinen- und Krocketreifen und einer hübschen Geschichte, zu der sie vielleicht gehörten. Dieser halb wahrnehmbare Duft in ihren Gedanken verschwand fast augenblicklich und Diana Duke betrat das Haus noch schneller als ihre Begleiterin. Groß, schlank, adlerartig und dunkelhäutig schien sie für diese Schnelligkeit geschaffen zu sein. Vom Körper her gehörte sie zu den Vögeln und Tieren, die gleichzeitig lang und wachsam sind, wie Windhunde oder Reiher oder sogar wie eine unschuldige Schlange. Das ganze Haus drehte sich um sie wie um eine Stahlstange. Es wäre falsch zu sagen, dass sie befohlen hat; denn ihre eigene Effizienz war so ungeduldig, dass sie sich selbst gehorchte, bevor irgendjemand sonst ihr gehorchte. Bevor Elektriker eine Glocke reparieren oder Schlosser eine Tür öffnen, bevor Zahnärzte einen Zahn ausreißen oder Butler einen festen Korken herausziehen konnten, geschah dies bereits mit der stillen Gewalt ihrer schlanken Hände. Sie war leicht; aber an ihrer Leichtigkeit war nichts Auffälliges. Sie verschmähte den Boden, und sie hatte vor, ihn zu verschmähen. Die Leute reden vom Pathos und Versagen einfacher Frauen; Aber es ist noch schrecklicher, dass eine schöne Frau in allem außer der Weiblichkeit Erfolg haben kann.

„Das reicht, um einem den Kopf wegzublasen", sagte die junge Frau in Weiß und ging zum Spiegel.

Die junge Frau in Blau gab keine Antwort, sondern steckte ihre Gartenhandschuhe weg, ging dann zur Anrichte und begann, ein Nachmittagstuch für den Tee auszubreiten.

„Genug, um Ihnen den Kopf wegzublasen, sage ich", sagte Miss Rosamund Hunt mit der unaufgeregten Fröhlichkeit einer Person, deren Lieder und Reden immer eine Zugabe wert waren.

„Nur dein Hut, glaube ich", sagte Diana Duke, „aber ich wage zu behaupten, dass das manchmal wichtiger ist."

Rosamunds Gesicht zeigte für einen Moment die Beleidigung eines verwöhnten Kindes und dann den Humor eines sehr gesunden Menschen. Sie brach in Gelächter aus und sagte: „Na ja, es müsste ein starker Wind sein, der dir den Kopf wegblasen würde."

Es herrschte erneut Stille; und der Sonnenuntergang brach immer mehr aus den aufgelösten Wolken hervor, erfüllte den Raum mit sanftem Feuer und bemalte die trüben Wände mit Rubin und Gold.

„Jemand hat mir einmal gesagt ", sagte Rosamund Hunt, „dass es einfacher ist, den Kopf zu behalten, wenn man sein Herz verloren hat."

„Oh, reden Sie nicht so einen Blödsinn", sagte Diana mit wilder Schärfe.

Draußen war der Garten in goldene Pracht gehüllt ; aber der Wind wehte immer noch heftig, und die drei Männer, die standhaft blieben, hätten vielleicht auch über das Problem von Hüten und Köpfen nachgedacht. Und tatsächlich war ihre Haltung, Hüte zu berühren, einigermaßen typisch für sie. Der höchste der drei hielt die Explosion in einem hohen Seidenhut auf, den der Wind ebenso vergeblich anzugreifen schien wie den anderen düsteren Turm, das Haus hinter ihm. Der zweite Mann versuchte, einen steifen Strohhut in allen Winkeln festzuhalten und hielt ihn schließlich in der Hand. Der Dritte hatte keinen Hut und schien seiner Haltung nach noch nie in seinem Leben einen gehabt zu haben. Vielleicht war dieser Wind eine Art Zauberstab, um Männer und Frauen auf die Probe zu stellen, denn in diesem Unterschied steckte viel von den drei Männern.

Der Mann mit dem soliden Seidenhut war der Inbegriff von Seidigkeit und Solidität. Er war ein großer, langweiliger, gelangweilter und (wie manche sagten) langweiliger Mann mit glattem blonden Haar und hübschen, schweren Gesichtszügen; ein wohlhabender junger Arzt namens Warner. Aber auch wenn sein Blondsein und seine Milde auf den ersten Blick ein wenig albern wirkten, ist es sicher, dass er kein Dummkopf war. Wenn Rosamund Hunt dort der Einzige war, der über viel Geld verfügte, war er auch der Einzige, der bisher irgendeinen Ruhm erlangt hatte. Seine Abhandlung über „Die wahrscheinliche Existenz von Schmerz in den niedrigsten Organismen" wurde von der wissenschaftlichen Welt allgemein als solide und gewagt zugleich gefeiert. Kurz gesagt, er hatte zweifellos Verstand; und vielleicht war es nicht seine Schuld, wenn es sich um die Art von Gehirnen handelte, die die meisten Männer gerne mit einem Poker analysieren würden.

Der junge Mann, der seinen Hut ab- und aufsetzte, war in gewisser Weise ein wissenschaftlicher Amateur und verehrte den großen Warner mit feierlicher Frische. Tatsächlich war der angesehene Arzt auf seine Einladung hin anwesend; denn Warner wohnte nicht in einer so baufälligen Herberge, sondern in einem Berufspalast in der Harley Street. Dieser junge Mann war wirklich der jüngste und am besten aussehende der drei. Aber er war einer dieser Menschen, sowohl Männer als auch Frauen, die dazu verdammt zu sein scheinen, gutaussehend und unbedeutend zu sein. Er war braunhaarig, hatte eine strahlende Hautfarbe und war schüchtern. Er schien die Zartheit seiner Gesichtszüge in einer Art Braun-Rot-Fluss zu verlieren, während er errötend dastand und gegen den Wind blinzelte. Er war einer dieser offensichtlich unauffälligen Menschen: Jeder wusste, dass er Arthur Inglewood war, unverheiratet, moralisch, ausgesprochen intelligent, von etwas eigenem Geld lebend und sich in den beiden Hobbys Fotografieren und Radfahren versteckend. Jeder kannte ihn und vergaß ihn; Selbst als er dort im Glanz des goldenen Sonnenuntergangs stand, war etwas an ihm undeutlich, wie auf einem seiner eigenen rotbraunen Amateurfotos.

Der dritte Mann hatte keinen Hut; Er war schlank und trug leichte, leicht sportliche Kleidung, und die große Pfeife in seinem Mund ließ ihn noch schlanker aussehen. Er hatte ein langes, ironisches Gesicht, blauschwarzes Haar, die blauen Augen eines Iren und das blaue Kinn eines Schauspielers. Ein Ire war er, ein Schauspieler war er nicht, außer in den alten Tagen von Miss Hunts Scharaden, nämlich ein obskurer und leichtfertiger Journalist namens Michael Moon. Einst war verschwommen angenommen worden, dass er für die Anwaltskammer lesen würde ; Aber (wie Warner mit seinem eher elefantenhaften Witz sagen würde) seine Freunde fanden ihn meistens in einer anderen Bar. Moon trank jedoch nicht und betrank sich nicht einmal häufig; Er war einfach ein Gentleman, der unauffällige Gesellschaft mochte. Das lag zum Teil daran, dass es in der Gesellschaft ruhiger zugeht als in der Gesellschaft, und wenn es ihm Spaß machte, mit einer Bardame zu reden (was er offenbar tat), dann vor allem, weil die Bardame für das Reden zuständig war. Darüber hinaus brachte er oft andere Talente mit, um sie zu unterstützen. Er teilte den seltsamen Trick aller Männer seiner Art, die intellektuell und ohne Ehrgeiz sind – den Trick, mit seinen geistig Unterlegenen umzugehen. In derselben Pension lebte ein kleiner, widerstandsfähiger Jude namens Moses Gould, ein Mann, dessen negerische Vitalität und Vulgarität Michael so sehr amüsierten, dass er mit ihm von Bar zu Bar ging, wie der Besitzer eines Affen, der auf der Bühne steht.

Der kolossale Abstand, den der Wind von diesem bewölkten Himmel geschaffen hatte, wurde immer klarer; Kammer für Kammer schien sich im Himmel zu öffnen. Man hatte das Gefühl, man könnte endlich etwas Leichteres als Licht finden. In der Fülle dieses stillen Glanzes nahmen alle Dinge ihre Farben wieder an: Die grauen Stämme wurden silbern und der triste Kies golden. Ein Vogel flatterte wie ein gelöstes Blatt von einem Baum zum anderen, und seine braunen Federn waren von Feuer berührt.

„Inglewood", sagte Michael Moon und blickte mit seinem blauen Auge auf den Vogel, „haben Sie irgendwelche Freunde?"

Dr. Warner verwechselte die angesprochene Person und sagte mit breitem, strahlendem Gesicht :

„Oh ja, ich gehe viel aus."

Michael Moon grinste tragisch und wartete auf seinen echten Informanten, der einen Moment später mit einer seltsam kühlen, frischen und jungen Stimme sprach, als käme er aus diesem braunen und sogar staubigen Inneren.

„Wirklich", antwortete Inglewood, „ich fürchte, ich habe den Kontakt zu meinen alten Freunden verloren. Der beste Freund, den ich je hatte, war in der Schule, ein Junge namens Smith. Es ist seltsam, dass Sie es erwähnen, denn ich habe heute an ihn gedacht, obwohl ich ihn seit sieben oder acht Jahren nicht gesehen habe. Er war bei mir in der Schule auf der naturwissenschaftlichen Seite – ein kluger, wenn auch seltsamer Kerl; und er ging nach Oxford, als ich nach Deutschland ging. Tatsache ist, dass es eher eine traurige Geschichte ist. Ich habe ihn oft gebeten, mich zu besuchen, und als ich nichts hörte , habe ich mich erkundigt, wissen Sie? Ich war schockiert, als ich erfuhr, dass der arme Smith den Verstand verloren hatte. Die Berichte waren natürlich etwas unklar, einige sagten, er sei wieder genesen; aber das sagen sie immer. Vor etwa einem Jahr bekam ich selbst ein Telegramm von ihm. Das Telegramm hat die Sache leider außer Zweifel gebracht."

„Ganz recht", stimmte Dr. Warner unbeirrt zu; „Wahnsinn ist im Allgemeinen unheilbar."

„Das gilt auch für die Vernunft", sagte der Ire und musterte ihn mit trübem Blick.

„Symptome?" fragte der Arzt. „Was war das für ein Telegramm?"

„Es ist eine Schande, über solche Dinge Witze zu machen", sagte Inglewood auf seine ehrliche, verlegene Art; „Das Telegramm betraf Smiths Krankheit, nicht Smith. Die eigentlichen Worte waren: ‚Mann mit zwei Beinen lebend gefunden.'"

„Lebendig auf zwei Beinen", wiederholte Michael stirnrunzelnd. „Vielleicht eine Version von Alive and Kicking? Ich weiß nicht viel über Menschen, die nicht bei Sinnen sind; aber ich nehme an, sie sollten treten."

„Und Menschen, die bei Sinnen sind?" fragte Warner lächelnd.

„Oh, sie sollten getreten werden", sagte Michael mit plötzlicher Herzlichkeit.

„Die Botschaft ist eindeutig verrückt", fuhr der undurchdringliche Warner fort. „Der beste Test ist ein Verweis auf den unentwickelten Normaltyp. Selbst ein Baby erwartet nicht, einen Mann mit drei Beinen zu finden."

„Drei Beine", sagte Michael Moon, „wären bei diesem Wind sehr praktisch."

Ein erneuter Ausbruch der Atmosphäre hätte sie tatsächlich fast aus dem Gleichgewicht gebracht und die geschwärzten Bäume im Garten zerbrochen. Dahinter waren alle möglichen zufälligen Gegenstände zu sehen, die über den windgepeitschten Himmel strichen – Strohhalme, Stöcke, Lumpen, Papiere und in der Ferne ein verschwindender Hut. Sein Verschwinden war jedoch nicht endgültig; Nach einer Pause von Minuten sahen sie es wieder, viel größer und näher, wie ein weißer Panama , der wie ein Ballon in den Himmel aufragte, einen Moment lang hin und her schwankte wie ein angeschlagener Drachen und sich dann in der Mitte seines eigenen niederließ Rasen so unruhig wie ein abgefallenes Blatt.

„Jemand hat einen guten Hut verloren", sagte Dr. Warner knapp.

Fast während er sprach, flog ein weiterer Gegenstand über die Gartenmauer und flog hinter dem flatternden Panama her . Es war ein großer grüner Regenschirm. Danach kam ein riesiger gelber Gladstone-Sack herabgeschleudert, und danach kam eine Gestalt, die wie ein fliegendes Rad aus Beinen aussah, wie im Schild der Isle of Man.

Aber obwohl es für einen kurzen Moment schien, als hätte es fünf oder sechs Beine, ließ es sich auf zwei nieder, wie der Mann im seltsamen Telegramm. Es hatte die Gestalt eines großen hellhaarigen Mannes in fröhlicher grüner Festtagskleidung. Er hatte hellblondes Haar, das der Wind zurückstrich wie das eines Deutschen, ein gerötetes, eifriges Gesicht wie das eines Cherubs und eine markante, spitze Nase, ein wenig wie die eines Hundes. Sein Kopf war jedoch keineswegs engelhaft im Sinne von körperlos. Im Gegenteil, mit seinen breiten Schultern und seiner allgemein gigantischen Gestalt wirkte sein Kopf seltsam und unnatürlich klein. Dies führte zu einer wissenschaftlichen Theorie (die sein Verhalten voll und ganz bestätigte), dass er ein Idiot war.

Inglewood hatte eine instinktive und doch unbeholfene Höflichkeit. Sein Leben war voller stiller, halbherziger Hilfsgesten. Und selbst dieses Wunderkind eines großen Mannes in Grün, der wie eine hellgrüne Heuschrecke über die Wand sprang, lähmte nicht den kleinen Altruismus seiner Gewohnheiten in einer Angelegenheit wie einem verlorenen Hut. Er machte gerade einen Schritt nach vorne, um die Kopfbedeckung des grünen Herrn zu holen, als er von einem Brüllen wie das eines Stiers erstarrt wurde.

„Unsportlich!" brüllte der große Mann. „Geben Sie ihm Fairplay, geben Sie ihm Fairplay!" Und er ging schnell, aber vorsichtig und mit brennenden Augen hinter seinem eigenen Hut her. Der Hut schien zunächst herabzuhängen und zu trödeln, als würde er auf dem sonnigen Rasen demonstrativ träge liegen ; Doch als der Wind wieder frischer und stärker wurde, tanzte er mit der Teufelei eines *Pas de quatre durch den Garten* . Der Exzentriker sprang ihm mit Känguru-Sprüngen und atemlosen Reden hinterher, wobei es nicht immer leicht war, den roten Faden zu verstehen: „Fair Play, Fair Play ... Sport der Könige ... jagen ihre Kronen ... ganz Menschlich... Tramontana... Kardinäle jagen rote Hüte... alte englische Jagd... haben einen Hut in Bramber Combe gegründet... Hut in Schach... verstümmelte Hunde... Habe ihn!"

Als der Wind sich von einem Brüllen zu einem Kreischen steigerte, sprang er auf seinen starken, fantastischen Beinen in den Himmel, schnappte sich den verschwindenden Hut, verfehlte ihn und warf sich mit dem ausgestreckten Gesicht nach vorn ins Gras. Der Hut erhob sich über ihn wie ein triumphierender Vogel. Aber sein Triumph war verfrüht; denn der Wahnsinnige warf sich auf den Händen nach vorn, warf seine Stiefel nach hinten hoch, schwenkte seine beiden Beine in der Luft wie symbolische Fähnriche (so dass sie tatsächlich wieder an das Telegramm dachten) und fing tatsächlich den Hut mit seinen Füßen auf. Ein anhaltendes und durchdringendes Heulen des Windes teilte das Welkin von einem Ende zum anderen. Die Augen aller Männer waren durch den unsichtbaren Strahl geblendet, als ob ein seltsamer, klarer Katarakt aus Transparenz zwischen ihnen und allen Gegenständen um sie herum hinzog. Doch als der große Mann in eine sitzende Haltung zurückfiel und sich feierlich mit dem Hut krönte, stellte Michael zu seiner ungläubigen Überraschung fest, dass er den Atem angehalten hatte, wie ein Mann, der einem Duell zuschaut.

Während dieser starke Wind auf dem Höhepunkt seiner himmelstürmenden Energie war, war ein weiterer kurzer Schrei zu hören, der sehr mürrisch begann, aber sehr schnell endete und in plötzlicher Stille verschluckt wurde. Der glänzende schwarze Zylinder von Dr. Warners offiziellem Hut segelte in der langen, glatten Parabel eines Luftschiffs von seinem Kopf, und als er fast den Gipfel eines Gartenbaums erreichte, blieb er in den obersten Ästen hängen. Ein weiterer Hut war weg. Die Bewohner dieses Gartens fühlten sich in einem ungewohnten Strudel des Geschehens gefangen; Niemand schien zu wissen, was als nächstes wegfliegen würde. Bevor sie darüber nachdenken konnten, war der jubelnde und jubelnde Hutjäger bereits auf halber Höhe des Baumes, schwang sich mit seinen kräftigen, gebeugten Grashüpferbeinen von Ast zu Ast und gab immer noch seine keuchenden, geheimnisvollen Kommentare von sich.

„Baum des Lebens... Ygdrasil... klettert vielleicht Jahrhunderte lang...
Eulen nisten im Hut... die entferntesten Generationen von Eulen... immer
noch Usurpatoren... in den Himmel gekommen... Der Mann im Mond trägt
ihn ... Räuber ... gehört nicht dir ... gehört einem deprimierten Arzt ... im
Garten ... gib es auf ... gib es auf!

Der Baum schwankte und fegte und schlug im donnernden Wind hin und
her wie eine Distel und flammte im vollen Sonnenschein wie ein
Freudenfeuer . Die grüne, phantastische menschliche Gestalt, die sich
deutlich vom herbstlichen Rot und Gold abhob, befand sich bereits unter
ihren höchsten und verrücktesten Ästen, die nur durch Zufall unter dem
Gewicht seines großen Körpers nicht brachen . Er war dort oben zwischen
den letzten wehenden Blättern und den ersten funkelnden Sternen des
Abends und redete immer noch fröhlich, vernünftig , halb entschuldigend,
in kleinen Keuchen mit sich selbst. Es könnte durchaus sein, dass er außer
Atem war, denn sein ganzer absurder Überfall war mit einem Schlag erledigt;
Einmal war er wie ein Fußball über die Mauer gesprungen, wie eine Rutsche
durch den Garten gefegt und wie eine Rakete den Baum hinaufgeschossen.
Die anderen drei Männer schienen unter einer Flut von Ereignissen
begraben zu sein – eine wilde Welt, in der eine Sache begann, bevor eine
andere Sache aufhörte. Alle drei hatten den ersten Gedanken. Der Baum
stand schon seit fünf Jahren dort, seit sie die Pension kannten. Jeder von
ihnen war aktiv und stark. Niemand von ihnen hatte überhaupt daran
gedacht, ihn zu besteigen. Darüber hinaus spürte Inglewood zunächst die
bloße Tatsache der Farbe . Die hellen, frischen Blätter, der trostlose blaue
Himmel, die wilden grünen Arme und Beine erinnerten ihn auf irrationale
Weise an etwas Leuchtendes in seiner Kindheit, etwas, das einem bunten
Mann auf einem goldenen Baum ähnelte; vielleicht war es nur ein gemalter
Affe auf einem Stock. Seltsamerweise war Michael Moon, obwohl eher ein
Humorist , auf einem zarteren Nerv getroffen, erinnerte sich halb an die alten
und jungen Theaterstücke mit Rosamund und stellte amüsiert fest, dass er
beinahe Shakespeare zitierte –

„Für Tapferkeit . Ist Liebe nicht ein Herkules, der
immer noch auf Bäume in den Hesperiden klettert?“

Sogar der unerschütterliche Mann der Wissenschaft hatte das helle,
verwirrte Gefühl, dass die Zeitmaschine einen großen Ruck gemacht hatte
und sich mit ziemlich rasselnder Geschwindigkeit vorwärts bewegte.

Er war jedoch nicht vollständig auf das vorbereitet, was als nächstes
geschah. Der Mann in Grün, der auf dem zerbrechlichen obersten Ast ritt
wie eine Hexe auf einem sehr riskanten Besenstiel, streckte die Hand aus und
riß den schwarzen Hut aus seinem luftigen Nest aus Zweigen. Es war beim
ersten Stoß seines Durchgangs über einen schweren Ast gebrochen, ein

Gewirr von Zweigen zerfetzt und zerkratzt und zerkratzt es in alle Richtungen, ein Windstoß und Laub hatten es wie eine Ziehharmonika flachgedrückt; Man kann auch nicht sagen, dass der zuvorkommende Herr mit der scharfen Nase genügend Zärtlichkeit für seine Struktur gezeigt hätte, als er es schließlich von seinem Platz löste. Als er es jedoch gefunden hatte, wurde sein Vorgehen von einigen als einzigartig angesehen. Er schwenkte es mit einem lauten Triumphschrei und fiel dann sofort rückwärts vom Baum, an dem er jedoch mit seinen langen, starken Beinen festhielt, wie ein Affe, der mit seinem Schwanz schwingt. Er hing so mit dem Kopf nach unten über dem unbehelmten Warner und ließ den ramponierten Seidenzylinder ernst auf seine Stirn fallen. „Jeder Mann ein König", erklärte der umgekehrte Philosoph, „jeder hat (folgerichtig) eine Krone." Aber das ist eine Krone aus dem Himmel."

Und er versuchte erneut, Warner zu krönen, der sich jedoch mit großer Abruptheit vom schwebenden Diadem entfernte; Seltsamerweise schien er sich seine frühere Auszeichnung in ihrem jetzigen Zustand nicht zu wünschen.

"Falsch falsch!" rief die zuvorkommende Person komisch. „Tragen Sie immer Uniform, auch wenn es schäbig ist! Ritualisten können immer unordentlich sein. Gehen Sie mit Ruß auf der Vorderseite Ihres Hemdes zu einem Tanz; aber nimm eine Hemdfront. Huntsman trägt einen alten Mantel, aber einen alten rosa Mantel. Tragen Sie einen Topper, auch wenn dieser kein Oberteil hat. Es ist das Symbol, das zählt, alter Mistkerl. Nimm deinen Hut, denn es ist schließlich dein Hut; Sein Flor ist von der Rinde völlig abgerieben, meine Lieben, und seine Krempe ist nicht im Geringsten gekräuselt; Aber um Himmels Willen, es ist immer noch die edelste Fliese der Welt, meine Lieben.

Während er so mit wilder Behaglichkeit sprach, setzte er den formlosen Seidenhut auf das Gesicht des verstörten Arztes oder ließ ihn zuschmettern, und fiel auf die Füße zwischen den anderen Männern, immer noch redend, strahlend und atemlos.

„Warum machen sie nicht mehr Spiele aus Wind?" fragte er etwas aufgeregt. „Drachen sind in Ordnung, aber warum sollten es nur Drachen sein? Während ich auf den Baum kletterte, dachte ich an drei weitere Spiele für einen windigen Tag. Hier ist eine davon: Man nimmt viel Pfeffer —"

„Ich denke", warf Moon mit sardonischer Milde ein, „dass Ihre Spiele bereits ausreichend interessant sind." Sind Sie, darf ich fragen, ein professioneller Akrobat auf Tour oder eine Werbeagentur für Sunny Jim? Wie und warum zeigen Sie all diese Energie, um in unseren melancholischen, aber zumindest rationalen Vororten Mauern freizumachen und auf Bäume zu klettern?"

Der Fremde schien, sofern ein so lauter Mensch dazu fähig war, vertraulich zu werden.

„Nun, es ist ein Trick von mir", gestand er offen. „Ich mache es, indem ich zwei Beine habe."

Arthur Inglewood, der in den Hintergrund dieser törichten Szene gedrängt war, zuckte zusammen und starrte den Neuankömmling mit zusammengekniffenen kurzsichtigen Augen und leicht gebräunter Hautfarbe an .

„Ich glaube, du bist Smith", rief er mit seiner frischen, fast jungenhaften Stimme; und dann, nach einem kurzen Blick: „Und doch bin ich mir nicht sicher."

„Ich glaube, ich habe eine Karte", sagte der Unbekannte mit verblüffender Feierlichkeit – „ eine Karte mit meinem richtigen Namen, meinen Titeln, Ämtern und meinem wahren Zweck auf dieser Erde."

Er zog langsam ein scharlachrotes Kartenetui aus einer oberen Westentasche und holte ebenso langsam eine sehr große Karte hervor. Schon im Moment der Herstellung hatten sie den Eindruck, dass die Karte eine seltsame Form hatte, anders als die Karten gewöhnlicher Herren. Aber es war nur für einen Moment da; denn als es von seinen Fingern zu Arthurs gelangte, entglitt der eine oder andere ihm. Der heftige, tosende Sturm in diesem Garten trug die Karte des Fremden davon und verschwand im wilden Altpapier des Universums; und dieser starke Westwind erschütterte das ganze Haus und zog vorbei.

Kapitel II
Das Gepäck eines Optimisten

Wir alle erinnern uns an die wissenschaftlichen Märchen unserer Kindheit, die mit der Annahme spielten, dass große Tiere im Verhältnis zu den kleinen überspringen könnten. Wenn ein Elefant so stark wäre wie eine Heuschrecke, könnte er (ich nehme an) sauber aus dem Zoologischen Garten springen und sich trompetend auf dem Primrose Hill niederlassen. Wenn ein Wal wie eine Forelle aus dem Meer springen könnte, könnten die Menschen vielleicht aufblicken und einen Wal wie die geflügelte Insel Laputa über Yarmouth schweben sehen. Solch eine natürliche Energie mag zwar erhaben sein, könnte aber sicherlich unbequem sein, und ein großer Teil dieser Unannehmlichkeiten ging mit der Fröhlichkeit und den guten Absichten des Mannes in Grün einher. Er war zu groß für alles, denn er war sowohl lebhaft als auch groß. Durch eine glückliche physische Ausstattung sind die meisten sehr substanziellen Lebewesen auch ruhevoll; und Pensionen der Mittelklasse in den kleineren Teilen Londons sind nicht für einen Mann gebaut, der so groß wie ein Stier und aufgeregt wie ein Kätzchen ist.

Als Inglewood dem Fremden in die Pension folgte, traf er ihn dabei, wie er ernsthaft (und seiner Meinung nach vertraulich) mit der hilflosen Mrs. Duke sprach. Diese dicke, kraftlose Dame konnte nur wie ein sterbender Fisch den riesigen neuen Herrn anstarren, der sich höflich als Untermieter anbot, mit großen Gesten des breiten weißen Hutes in der einen und der gelben Gladstone-Tasche in der anderen Hand. Glücklicherweise war Mrs. Dukes leistungsfähigere Nichte und Partnerin vor Ort, um den Vertrag abzuschließen; denn tatsächlich hatten sich alle Leute des Hauses irgendwie im Zimmer versammelt. Diese Tatsache war in Wahrheit typisch für die ganze Episode. Der Besucher erzeugte eine Atmosphäre komischer Krise; Und von dem Zeitpunkt an, als er das Haus betrat, bis zu dem Zeitpunkt, an dem er es verließ, schaffte er es irgendwie, die Gesellschaft dazu zu bringen, sich zu versammeln und ihm sogar zu folgen (wenn auch mit Spott), so wie Kinder sich versammeln und einem Kasperltheater folgen. Vor einer Stunde und vier Jahre zuvor hatten diese Menschen einander gemieden, obwohl sie sich wirklich gemocht hatten. Sie waren auf der Suche nach bestimmten Zeitungen oder privaten Handarbeiten in düsteren und verlassenen Räumen hin und her geschlichen. Auch jetzt noch kamen sie alle zufällig, mit unterschiedlichen Interessen; aber sie kamen alle. Da war der verlegene Inglewood, immer noch eine Art roter Schatten; da war der unbefangene Warner, eine blasse, aber solide Substanz. Da war Michael Moon, der wie ein Rätsel den Kontrast zwischen der pferdeartigen Grobheit seiner Kleidung und der düsteren Klugheit seines Gesichts bot. Zu ihm gesellte sich nun sein noch komischerer Kumpel Moses Gould. Er stolzierte auf kurzen Beinen und trug eine üppige lila Krawatte und war der fröhlichste aller gottlosen kleinen Hunde. Aber auch darin war er wie ein Hund: Wie sehr er auch vor Freude tanzte und wedelte, die beiden dunklen Augen auf beiden Seiten seiner hervorstehenden Nase glitzerten düster wie schwarze Knöpfe. Da war Miss Rosamund Hunt, immer noch mit dem feinen weißen Hut, der ihr quadratisches, gutaussehendes Gesicht umrahmte, und immer noch mit ihrer natürlichen Ausstrahlung, als wäre sie für eine Party gekleidet, die nie zustande kam . Auch sie hatte, wie Mr. Moon, einen neuen Begleiter, neu in dieser Erzählung, aber in Wirklichkeit ein alter Freund und Schützling. Es handelte sich um eine schmächtige junge Frau in Dunkelgrau, die in keiner Weise bemerkenswert war, abgesehen von einer Menge stumpfroter Haare, deren Form ihrem blassen Gesicht irgendwie das dreieckige, fast spitz zulaufende Aussehen verlieh, das durch den tief herabhängenden Kopfschmuck und die tiefe Fülle verliehen wurde Halskrause der elisabethanischen Schönheiten. Ihr Nachname schien Gray zu sein, und Miss Hunt nannte sie Mary, in diesem unbeschreiblichen Ton, der für eine abhängige Person gilt, die praktisch eine Freundin geworden ist. Sie trug ein kleines silbernes Kreuz auf ihrer sehr sachlichen grauen Kleidung und war das einzige Mitglied der Gruppe, das in die Kirche ging. Zu guter Letzt war da noch Diana Duke, die den Neuankömmling mit stählernen Augen musterte und jedem idiotischen Wort, das er sagte, aufmerksam zuhörte. Was Mrs. Duke betrifft, so lächelte sie ihn an, dachte aber nie im Traum daran, ihm zuzuhören. Sie hatte noch nie in ihrem Leben jemandem wirklich zugehört; Einige sagten, das sei der Grund gewesen, warum sie überlebt habe.

Dennoch war Mrs. Duke zufrieden mit der Höflichkeit, die ihr neuer Gast auf sich selbst richtete; denn niemand hat jemals ernsthaft mit ihr gesprochen, genauso wenig wie sie jemandem ernsthaft zugehört hat . Und sie strahlte fast, als der Fremde sich mit noch breiteren und fast wirbelnden erklärenden Gesten mit seinem riesigen Hut und seiner Tasche dafür entschuldigte, dass er durch die Wand statt durch die Haustür hereingekommen war. Es wurde vermutet, dass er dies auf eine unglückliche Familientradition der Sauberkeit und Pflege seiner Kleidung zurückführte.

„Meine Mutter war ziemlich streng, um die Wahrheit zu sagen ", sagte er mit gesenkter Stimme zu Mrs. Duke. „Sie mochte es nie, wenn ich in der Schule meine Mütze verliere. Und wenn man einem Mann beigebracht hat, sauber und ordentlich zu sein, bleibt das bei ihm hängen."

Mrs. Duke keuchte schwach, da sie sicher war, dass er eine gute Mutter gehabt haben musste; aber ihre Nichte schien geneigt zu sein, die Angelegenheit weiter zu untersuchen.

„Sie haben eine komische Vorstellung von Ordentlichkeit", sagte sie, „wenn es darum geht, über Gartenmauern zu springen und auf Gartenbäume zu klettern. Ein Mann kann nicht ordentlich auf einen Baum klettern."

„Er kann eine Wand sauber räumen", sagte Michael Moon; „Ich habe gesehen, wie er es getan hat."

Smith schien das Mädchen mit echtem Erstaunen zu betrachten. „Meine liebe junge Dame", sagte er, „ich habe den Baum aufgeräumt. Sie wollen die Hüte vom letzten Jahr doch nicht mehr dort haben als die Blätter vom letzten Jahr? Der Wind reißt die Blätter weg, aber den Hut schafft er nicht; Ich nehme an, dieser Wind hat heute ganze Wälder aufgeräumt. Die Idee dahinter ist, dass Ordnung eine schüchterne, ruhige Sache ist; Ordnung ist eine Mühe für Riesen. Man kann nichts aufräumen, ohne sich selbst aufzuräumen; Schau dir einfach meine Hose an. Weißt du das nicht? Hatten Sie noch nie einen Frühjahrsputz?"

„Oh ja, Sir", sagte Mrs. Duke fast eifrig. „Alles in dieser Art finden Sie ganz nett." Zum ersten Mal hatte sie zwei Worte gehört, die sie verstehen konnte.

Miss Diana Duke schien den Fremden mit einer Art berechnendem Anfall zu betrachten; Dann blitzten ihre schwarzen Augen vor Entschlossenheit, und sie sagte, dass er ein bestimmtes Schlafzimmer im obersten Stockwerk haben könnte, wenn er wollte: und der schweigsame und sensible Inglewood, der wegen dieser widersprüchlichen Absichten auf der Folterbank gestanden hatte, bot ihm eifrig an, es ihm zu zeigen bis zum Zimmer. Smith stieg vier Stufen auf einmal hinauf, und als er mit dem Kopf gegen die oberste Decke stieß, hatte Inglewood das seltsame Gefühl, dass das hohe Haus viel kürzer war als früher.

Arthur Inglewood folgte seinem alten Freund – oder seinem neuen Freund, denn er wusste nicht genau, wer er war. Das Gesicht sah in einem Moment dem seines alten Schulkameraden sehr ähnlich und in einem anderen ganz anders. Und als Inglewood seine angeborene Höflichkeit so weit durchbrach, dass er plötzlich sagte: „Ist Ihr Name Smith?" er erhielt nur die wenig aufschlussreiche Antwort: „Ganz richtig; ganz recht. Sehr gut. Exzellent!" Nachdenklich kam es Inglewood eher wie die Rede eines Neugeborenen vor, das einen Namen annimmt, als wie die Rede eines erwachsenen Mannes, der einen zugibt.

Trotz dieser Zweifel an der Identität sah der unglückliche Inglewood dem anderen beim Auspacken zu und stand in der gleichen ohnmächtigen Haltung wie sein männlicher Freund in seinem Schlafzimmer herum. Mr. Smith packte seine Sachen mit der gleichen wirbelnden Genauigkeit aus, mit der er auf einen Baum geklettert war – er warf Dinge aus seiner Tasche, als wären sie Müll, und schaffte es dennoch, ein recht regelmäßiges Muster rund um ihn herum auf dem Boden zu verteilen.

Während er dies tat, redete er in der gleichen, etwas keuchenden Art weiter (er war vier Stufen auf einmal die Treppe hinaufgekommen, aber auch ohne dies war sein Sprechstil atemlos und fragmentarisch), und seine Bemerkungen waren immer noch eine Aneinanderreihung von mehr oder weniger bedeutsame, aber oft getrennte Bilder.

„Wie am Tag des Jüngsten Gerichts", sagte er und warf eine Flasche so, dass sie irgendwie zur Ruhe kam und am rechten Ende hin und her schaukelte. „Die Leute sagen, das riesige Universum ... Unendlichkeit und Astronomie; Ich bin mir nicht sicher... Ich glaube, die Dinge liegen zu nah beieinander... vollgepackt; zum Reisen... Sterne zu nah, wirklich... die Sonne ist ein Stern, zu nah, um richtig gesehen zu werden; Die Erde ist ein Stern, zu nah, um überhaupt gesehen zu werden ... zu viele Kieselsteine am Strand; sollte alles in Ringe gesteckt werden; zu viele Grashalme, um sie zu studieren ... Federn eines Vogels bringen das Gehirn zum Taumeln; Warten Sie, bis die große Tüte ausgepackt ist ... dann können alle an den richtigen Platz gebracht werden."

Hier blieb er stehen, im wahrsten Sinne des Wortes, um Luft zu holen — und warf ein Hemd ans andere Ende des Raumes und dann eine Flasche Tinte, so dass sie ganz ordentlich dahinter fiel. Inglewood blickte sich mit wachsendem Zweifel auf dieser seltsamen, halbsymmetrischen Unordnung um.

Je mehr man sich mit Mr. Smiths Urlaubsgepäck beschäftigte, desto weniger konnte man daraus etwas anfangen. Eine Besonderheit daran war, dass fast alles aus dem falschen Grund da zu sein schien; Was bei allen anderen zweitrangig ist, war für ihn primär. Er wickelte einen Topf oder eine Pfanne in braunes Papier ein; und der gedankenlose Assistent würde entdecken, dass der Topf wertlos oder sogar unnötig war und dass es das braune Papier war, das wirklich wertvoll war. Er holte zwei oder drei Kisten Zigarren hervor und erklärte mit schlichter und verblüffender Aufrichtigkeit, dass er kein Raucher sei, dass sich das Holz von Zigarrenkisten jedoch bei weitem am besten für Laubsägearbeiten eignete. Er stellte auch etwa sechs kleine Flaschen Weiß- und Rotwein aus, und Inglewood, der zufällig einen Volnay entdeckte, von dem er wusste, dass er ausgezeichnet war, nahm zunächst an, dass der Fremde ein Feinschmecker in Sachen Wein sei. Daher war er überrascht, als er feststellte, dass die nächste Flasche ein abscheulicher Scheinwein aus den Kolonien war, den nicht einmal die Kolonialherren (um ihnen gerecht zu werden) trinken. Erst dann bemerkte er, dass alle sechs Flaschen diese leuchtenden Metallverschlüsse in verschiedenen Farbtönen hatten und anscheinend nur deshalb ausgewählt worden waren, weil sie die drei Primär- und drei Sekundärfarben hatten: Rot, Blau und Gelb ; grün, violett und orange. In Inglewood wuchs ein fast unheimliches Gefühl für die wahre Kindlichkeit dieser Kreatur. Denn Smith war, soweit die menschliche Psychologie nur möglich ist, wirklich unschuldig. Er hatte die Sinnlichkeit der Unschuld: Er liebte die Klebrigkeit von Kaugummi, und er schnitt gierig weißes Holz, als würde er einen Kuchen schneiden. Für diesen Mann war Wein keine zweifelhafte Sache, die es zu verteidigen oder anzuprangern galt; Es war ein eigenartig gefärbter Sirup, wie ihn ein Kind in einem Schaufenster sieht. Er redete dominant und hetzte die soziale Situation; aber er behauptete sich nicht wie ein Übermensch in einem modernen Theaterstück. Er vergaß sich einfach selbst, wie ein kleiner Junge auf einer Party. Irgendwie hatte er den großen Schritt vom Säuglingsalter zum Mannesalter geschafft und die Krise in der Jugend verpasst, als die meisten von uns alt wurden.

Als er seine große Tasche wegschob, bemerkte Arthur die Initialen IS, die auf einer Seite darauf aufgedruckt waren, und erinnerte sich, dass Smith in der Schule „Innocent Smith" genannt worden war, obwohl er sich nicht erinnern konnte, ob es sich dabei um einen formellen Vornamen oder eine moralische Beschreibung handelte. Er wollte gerade eine weitere Frage wagen, als es an der Tür klopfte und die kleine Gestalt von Mr. Gould auftauchte, mit dem melancholischen Mond, der wie sein großer, schiefer Schatten hinter ihm stand. Sie waren mit der wandernden Geselligkeit des Mannes hinter den beiden anderen Männern her die Treppe hinaufgeschwommen.

„Ich hoffe, es gibt kein Eindringen", sagte der strahlende Moses mit einem Anflug von Gutmütigkeit, aber nicht mit dem geringsten Anflug von Entschuldigung.

„Die Wahrheit ist", sagte Michael Moon vergleichsweise höflich, „wir dachten, wir könnten sehen, ob sie es Ihnen bequem gemacht haben. Miss Duke ist eher –"

„Ich weiß", rief der Fremde und blickte strahlend von seiner Tasche auf; „Großartig, nicht wahr? Gehen Sie nah an sie heran – hören Sie Militärmusik, wie Jeanne d'Arc."

Inglewood starrte den Redner immer wieder an wie jemand, der gerade ein wildes Märchen gehört hat, das dennoch eine kleine und vergessene Tatsache enthält. Denn er erinnerte sich, wie er selbst vor Jahren an Jeanne d'Arc gedacht hatte, als er, kaum älter als ein Schuljunge, zum ersten Mal in die Pension gekommen war. Längst hatte der pulverisierende Rationalismus seines Freundes Dr. Warner solch jugendliche Ignoranz und unverhältnismäßige Träume zerschlagen. Unter dem Warnerian Aufgrund seiner Skepsis und seiner Wissenschaft gegenüber hoffnungslosen Menschentypen betrachtete Inglewood sich selbst schon lange als einen schüchternen, unzureichenden und „schwachen" Typ, der niemals heiraten würde; Diana Duke als materialistische Magd zu betrachten; und seine erste

Lust auf sie als die kleine, langweilige Farce eines College-Angehörigen zu betrachten, der die Tochter seiner Vermieterin küsst. Und doch bewegte ihn der Satz über Militärmusik seltsam, als hätte er diese fernen Trommeln gehört.

„Sie muss die Dinge ziemlich eng halten, das ist nur natürlich", sagte Moon und blickte sich in dem eher zwergenhaften Raum mit seiner schrägen Keildecke um, die wie die kegelförmige Kapuze eines Zwergs aussah.

„Eher eine kleine Kiste für Sie, Sir", sagte der scherzhafte Mr. Gould.

„Aber ein herrliches Zimmer", antwortete Mr. Smith begeistert, den Kopf in seiner Gladstone-Tasche. „Ich liebe diese spitzen Zimmertypen, zum Beispiel im Gothic-Stil. „Übrigens", rief er und zeigte auf überraschende Weise, „wohin führt diese Tür?"

„Bis zum sicheren Tod, würde ich sagen", antwortete Michael Moon und starrte zu einer staubbefleckten und unbenutzten Falltür im schrägen Dach des Dachbodens hinauf. „Ich glaube nicht, dass es dort einen Dachboden gibt; und ich weiß nicht, wozu es sonst noch führen könnte." Lange bevor er seinen Satz beendet hatte, war der Mann mit den kräftigen grünen Beinen auf die Tür in der Decke gesprungen, hatte sich irgendwie auf den Sims darunter geschwungen, hatte sie mit Mühe aufgerissen und war hindurchgeklettert. Einen Moment lang sahen sie die beiden symbolischen Beine wie eine verkürzte Statue dastehen; dann verschwanden sie. Durch das so in das Dach gerissene Loch erschien der leere und klare Abendhimmel, über dem eine große, vielfarbige Wolke wie ein ganzes Land auf dem Kopf segelte.

„Hallo, Leute!" kam der weit entfernte Ruf von Innocent Smith, offenbar von einem entfernten Gipfel. "Komm rauf; und bringe einige meiner Sachen zum Essen und Trinken mit. Es ist genau der richtige Ort für ein Picknick."

Mit einem plötzlichen Impuls schnappte sich Michael zwei der kleinen Weinflaschen, eine in jeder festen Faust; und Arthur Inglewood griff wie hypnotisiert nach einer Keksdose und einem großen Glas Ingwer. Die riesige Hand von Innocent Smith, die wie die eines Riesen in einem Märchen durch die Öffnung erschien, nahm diese Ehrungen entgegen und trug sie zum Horst; dann hievten sie sich beide aus dem Fenster. Sie waren beide sportlich und sogar gymnastisch; Inglewood durch seine Sorge um Hygiene und Moon durch seine Sorge um den Sport, der nicht ganz so untätig und untätig war wie der eines durchschnittlichen Sportlers. Außerdem verspürten sie beide ein schwindelerregendes himmlisches Gefühl, als die Tür im Dach aufbrach, als ob eine Tür am Himmel aufgebrochen wäre und sie auf das Dach des Universums klettern könnten. Sie waren beide Männer, die schon lange unbewusst im Alltäglichen gefangen waren, obwohl der eine es komisch und der andere ernst nahm. Dennoch waren sie beide Männer, deren Gefühle nie erloschen waren. Aber Mr. Moses Gould verachtete ihre selbstmörderische

Sportart und ihren unbewussten Transzendentalismus gleichermaßen, und er stand da und lachte über die Sache mit der schamlosen Rationalität einer anderen Rasse.

Als der einzigartige Smith, rittlings auf einem Schornstein, erfuhr, dass Gould ihm nicht folgte, zwangen ihn seine infantile Fleißigkeit und Gutmütigkeit, wieder auf den Dachboden zu springen, um zu trösten oder zu überreden; und Inglewood und Moon blieben allein auf dem langen graugrünen First des Schieferdachs zurück, mit den Füßen gegen die Dachrinnen und mit dem Rücken gegen die Schornsteine, und blickten einander agnostisch an. Ihr erstes Gefühl war, dass sie in die Ewigkeit hinausgekommen waren und dass die Ewigkeit einem völligen Auf und Ab ähnelte . Beiden kam eine Definition in den Sinn: dass er ins Licht jener klaren und strahlenden Unwissenheit gelangt war, in der alle Überzeugungen ihren Ursprung hatten. Der Himmel über ihnen war voller Mythologie. Der Himmel schien tief genug, um alle Götter aufzunehmen. Der Kreis des Äthers verfärbte sich allmählich von grün zu gelb wie eine große unreife Frucht. Rund um die versunkene Sonne war es wie eine Zitrone; Im ganzen Osten hatte es eine Art goldenes Grün, das eher an ein Greengage erinnerte; aber das Ganze hatte immer noch die Leere des Tageslichts und nichts von der Geheimhaltung der Dämmerung. Über dieses Gold und Blassgrün fielen hier und da Scherben und zersplitterte Massen tintenvioletter Wolken, die aus jeder kolossalen Perspektive auf die Erde zu fallen schienen. Eines von ihnen hatte tatsächlich den Charakter eines assyrischen Bildnisses mit vielen Mitra , vielen Bärten und vielen Flügeln, mit großem Kopf nach unten, das aus dem Himmel geschleudert wurde – eine Art falscher Jehova, der vielleicht Satan war. Alle anderen Wolken hatten absurde, zinnenförmige Formen, als wären die Paläste des Gottes hinter ihm hergeschleudert worden.

Und doch, während der leere Himmel voller stiller Katastrophen war, erzeugte die Höhe der menschlichen Gebäude, über denen sie saßen, hier und da ein winziges, triviales Geräusch, das das genaue Gegenteil war; und sie hörten etwa sechs Straßen weiter unten einen Zeitungsjungen rufen und eine Glocke, die zur Kapelle rief. Sie konnten auch aus dem Garten unten Gespräche hören; und erkannte, dass der unbändige Smith Gould nach unten gefolgt sein musste, denn man konnte seinen eifrigen und flehenden Akzent hören, gefolgt von den halb humorvollen Protesten von Miss Duke und dem vollen und sehr jugendlichen Lachen von Rosamund Hunt. Die Luft hatte diese kalte Freundlichkeit, die nach einem Sturm kommt. Michael Moon trank es mit ebenso großem Genuss, wie er die kleine Flasche billigen Rotweins getrunken hatte, die er fast im Zuge geleert hatte. Inglewood aß weiterhin Ingwer, sehr langsam und mit einer Feierlichkeit, die so unvorstellbar war wie der Himmel über ihm. Es herrschte immer noch so viel Aufregung in der frischen Atmosphäre, dass sie fast glaubten, sie könnten die Gartenerde und die letzten Rosen des Herbstes riechen. Plötzlich ertönte aus dem dunkler werdenden Raum ein silbriges Ping und Pong, das ihnen verriet, dass Rosamund die lange vernachlässigte Mandoline herausgeholt hatte . Nach den ersten paar Tönen war mehr von dem entfernten glockenartigen Gelächter zu hören.

„Inglewood", sagte Michael Moon, „haben Sie jemals gehört, dass ich ein Schurke bin?"

„Ich habe es nicht gehört und ich glaube es nicht", antwortete Inglewood nach einer seltsamen Pause. „Aber ich habe gehört, dass du – wie man es nennt – ziemlich wild warst."

„Wenn Sie gehört haben, dass ich wild bin, können Sie dem Gerücht widersprechen ", sagte Moon mit außergewöhnlicher Ruhe; „Ich bin zahm. Ich bin ziemlich zahm; Ich bin das zahmste Biest, das kriecht. Ich trinke jeden Abend zur gleichen Zeit zu viel von der gleichen Whiskysorte. Ich trinke sogar ungefähr die gleiche Menge zu viel. Ich gehe in die gleiche Anzahl von Wirtshäusern. Ich treffe dieselben verdammten Frauen mit malvenfarbenen Gesichtern. Ich höre genauso viele schmutzige Geschichten – im Allgemeinen die gleichen schmutzigen Geschichten. Sie können meinen Freunden versichern, Inglewood, dass Sie einen Menschen vor sich sehen, den die Zivilisation gründlich gezähmt hat."

Arthur Inglewood starrte ihn mit Gefühlen an, die ihn fast vom Dach fallen ließen, denn tatsächlich wirkte das Gesicht des Iren, immer unheimlich, jetzt fast dämonisch.

„Christus, verwirf es!" rief Moon und umklammerte plötzlich die leere Rotweinflasche. „Das ist ungefähr der dünnste und schmutzigste Wein, den ich je entkorkt habe, und es ist das einzige Getränk, das ich seit neun Jahren wirklich genossen habe." Bis vor zehn Minuten war ich nie wild." Und er schickte die Flasche sausend, ein Rad aus Glas, weit weg hinter den Garten auf die Straße, wo sie in der tiefen Abendstille sogar hören konnten, wie sie zerbrach und auf den Steinen zerbrach.

„Mond", sagte Arthur Inglewood ziemlich heiser, „du darfst nicht so verbittert darüber sein. Jeder muss die Welt so nehmen, wie er sie vorfindet; natürlich findet man es oft etwas langweilig –"

„Das tut dieser Kerl nicht", sagte Michael entschieden; „Ich meine diesen Smith. Ich habe den Eindruck, dass in seinem Wahnsinn eine Methode steckt. Es sieht so aus, als könnte er sich jeden Moment in eine Art Wunderland verwandeln, wenn er nur einen Schritt von der einfachen Straße entfernt wäre. Wer hätte an diese Falltür gedacht? Wer hätte gedacht, dass dieser verfluchte Rotwein aus der Kolonialzeit zwischen den Schornsteinen so gut schmecken könnte? Vielleicht ist das der wahre Schlüssel zum Märchenland. Vielleicht sollten Nosy Goulds scheußliche kleine Empire-

Zigaretten nur auf Stelzen oder so etwas geraucht werden. Vielleicht würde Mrs. Dukes kalte Hammelkeule oben auf einem Baum ziemlich appetitlich wirken. Vielleicht sogar mein verdammter, schmutziger, eintöniger Spritzer Old Bill Whisky –"

„Seien Sie nicht so grob zu sich selbst", sagte Inglewood in ernster Verzweiflung. „Die Trägheit ist weder Ihre Schuld noch die des Whiskys. Leute, die das nicht tun – Leute wie ich meine ich – haben genau das gleiche Gefühl, dass alles ziemlich flach und ein Misserfolg ist. Aber die Welt ist so gemacht; Es geht nur ums Überleben. Manche Leute sind dazu gemacht, weiterzukommen, wie Warner; Und manche Menschen sind dazu gezwungen, still zu bleiben, so wie ich. Du kannst deinem Temperament nicht helfen. Ich weiß, dass du viel klüger bist als ich; Aber man kann nicht anders, als die lockere Art eines armen Literaten zu haben, und ich kann nicht anders, als alle Zweifel und die Hilflosigkeit eines kleinen Wissenschaftlers zu haben, genauso wie ein Fisch beim Schwimmen helfen kann oder ein Farn dabei helfen kann, sich zusammenzurollen . Die Menschheit besteht, wie Warner in diesem Vortrag so treffend sagte, in Wirklichkeit aus ganz unterschiedlichen Tierstämmen, die alle als Menschen verkleidet sind."

Im düsteren Garten unten wurde das Summen der Gespräche plötzlich unterbrochen, als Miss Hunts Musikinstrument mit der Plötzlichkeit der Artillerie eine vulgäre, aber temperamentvolle Melodie anstimmte.

Rosamunds Stimme erklang reich und kräftig in den Worten eines albernen, modischen Waschbärenliedes : –

> „Darkies singen ein Lied auf der alten Plantage. Singen Sie es, wie wir es in längst vergangenen Tagen gesungen haben."

Inglewoods braune Augen wurden noch sanfter und trauriger, als er seinen resignativen Monolog zu solch einer ausgelassenen und romantischen Melodie fortsetzte. Aber die blauen Augen von Michael Moon erhellten und verhärteten sich in einem Licht, das Inglewood nicht verstand. Viele Jahrhunderte und viele Dörfer und Täler wären glücklicher gewesen, wenn Inglewood oder Inglewoods Landsleute jemals dieses Licht verstanden oder auf den ersten Blick erraten hätten, dass es der Kampfstern Irlands war.

„Nichts kann es jemals ändern; Es liegt in den Rädern des Universums", fuhr Inglewood mit leiser Stimme fort: „Manche Menschen sind schwach und andere stark, und das Einzige, was wir tun können, ist zu wissen, dass wir schwach sind." Ich war oft verliebt, aber ich konnte nichts tun, weil ich mich an meine eigene Wankelmütigkeit erinnerte. Ich habe mir eine Meinung gebildet, aber ich habe nicht die Frechheit, sie durchzusetzen, weil ich sie so oft geändert habe. Das ist das Ergebnis, alter Kerl. Wir können uns selbst nicht vertrauen – und wir können nichts dagegen tun."

Michael war aufgestanden und stand in einer gefährlichen Position am Ende des Daches, wie eine dunkle Statue, die über dem Giebel hing. Hinter ihm drehten sich riesige Wolken in einem fast unmöglichen Lila langsam in der stillen Anarchie des Himmels auf den Kopf. Ihre Drehung ließ die dunkle Gestalt noch schwindelerregender erscheinen.

„Lasst uns…", sagte er und schwieg plötzlich.

„Lass uns was?" fragte Arthur Inglewood und erhob sich ebenso schnell, wenn auch etwas vorsichtiger, denn sein Freund schien Schwierigkeiten beim Sprechen zu haben.

„Lasst uns gehen und einige dieser Dinge tun, die wir nicht tun können", sagte Michael.

Im selben Moment brachen aus der Falltür unter ihnen die Kakaduhaare und das gerötete Gesicht von Innocent Smith hervor und riefen ihnen zu, dass sie herunterkommen müssten, da das „Konzert" in vollem Gange sei und Mr. Moses Gould gerade „Junger Lochinvar."

Dachboden betraten, wären sie beinahe erneut über die unterhaltsamen Hindernisse gestolpert. Als Inglewood auf den übersäten Boden starrte, dachte er instinktiv an den übersäten Boden eines Kinderzimmers. Umso bewegter und sogar schockierter war er, als sein Blick auf einen großen, gut polierten amerikanischen Revolver fiel.

„Hallo!" schrie er und trat vor dem stählernen Glitzer zurück, wie Menschen vor einer Schlange zurücktreten; „Haben Sie Angst vor Einbrechern? oder wann und warum verhängst du den Tod mit diesem Maschinengewehr?"

"Oh das!" sagte Smith und warf einen einzigen Blick darauf; „Das ist mein Lebensunterhalt", und er sprang die Treppe hinunter.

Kapitel III
Das Banner von Beacon

Den ganzen nächsten Tag über herrschte im Beacon House das verrückte Gefühl, dass jeder Geburtstag hatte. Es ist Mode, von Institutionen als kalten und beengenden Dingen zu sprechen. Die Wahrheit ist, dass Menschen, die in außergewöhnlich guter Stimmung sind und vor Freiheit und Erfindungsreichtum wirklich wild sind, immer Institutionen schaffen müssen, und das tun sie auch immer. Wenn Menschen müde sind , verfallen sie in Anarchie; aber obwohl sie fröhlich und kräftig sind, stellen sie stets Regeln auf. Das gilt, was für alle Kirchen und Republiken der Geschichte gilt, auch für das trivialste Gesellschaftsspiel oder den schlichtesten Wiesenspiel. Wir sind nie frei, bis uns irgendeine Institution befreit; und Freiheit kann nicht existieren, bis sie von der Autorität erklärt wird. Sogar die wilde Autorität des Harlekins Smith war immer noch Autorität, weil sie überall eine Menge verrückter Vorschriften und Bedingungen hervorbrachte. Er erfüllte jeden mit seinem eigenen halbverrückten Leben; aber es drückte sich nicht in Zerstörung aus, sondern eher in einer schwindelerregenden und einstürzenden Konstruktion. Für jeden, der ein Hobby hatte, wurde daraus eine Institution. Rosamunds Lieder schienen zu einer Art Oper zu verschmelzen; Michaels Scherze und Absätze in einer Zeitschrift. Seine Pfeife und ihre Mandoline schienen zwischen ihnen eine Art rauchendes Konzert zu geben. Der schüchterne und verwirrte Arthur Inglewood kämpfte fast gegen seine eigene wachsende Bedeutung. Er hatte das Gefühl, als würden sich seine Fotos trotz seines Willens in eine Bildergalerie und sein Fahrrad in ein Gymkhana verwandeln. Aber niemand hatte Zeit, diese improvisierten Anwesen und Ämter zu kritisieren, denn sie folgten einander wie die Themen eines weitschweifigen Redners.

Das Leben mit einem solchen Mann war ein Hindernislauf voller angenehmer Hindernisse. Aus jedem banalen und trivialen Gegenstand konnte er wie ein Zauberer Rollen voller Übertreibungen hervorzaubern. Nichts könnte schüchterner und unpersönlicher sein als die Fotografie des armen Arthur. Doch der absurde Smith wurde gesehen, wie er ihm eifrig durch die sonnigen Morgenstunden half, und eine unhaltbare Sequenz, die als „Moralfotografie" bezeichnet wurde, begann sich in der Pension abzurollen. Es war nur eine Version des alten Fotografenwitzes, der dieselbe Figur zweimal auf einem Teller hervorbringt und einen Mann dazu bringt, mit sich selbst Schach zu spielen, mit sich selbst zu speisen und so weiter. Aber diese Platten waren hysterischer und ehrgeiziger – wie „Miss Hunt vergisst sich selbst" und zeigten, wie die Dame auf ihre allzu begeisterte Anerkennung mit einem äußerst entsetzlichen Blick der Unwissenheit antwortete; oder „Mr. „Moon befragt sich selbst", in dem Herr Moon wie jemand erschien, der im Rahmen seines eigenen juristischen Kreuzverhörs, das mit einem langen Zeigefinger und einer Miene wilder Wackelei durchgeführt wurde, in den Wahnsinn getrieben wurde . Eine äußerst erfolgreiche Trilogie – Inglewood erkennt Inglewood, Inglewood wirft sich vor Inglewood nieder und Inglewood schlägt Inglewood heftig mit einem Regenschirm – Innocent Smith wollte sie vergrößern und wie eine Art Fresko mit der Inschrift im Saal anbringen :

„Selbstachtung, Selbsterkenntnis, Selbstbeherrschung –
diese drei allein machen einen Mann zum Idioten."
TENNYSON.

Nichts wiederum könnte prosaischer und undurchdringlicher sein als die häuslichen Energien von Miss Diana Duke. Aber Innocent hatte irgendwie einen Fehler gemacht, als sie herausfand, dass ihre sparsame Schneiderkunst mit einer beträchtlichen weiblichen Sorgfalt bei der Kleidung einherging – dem einzigen weiblichen Ding, das ihre einsame Selbstachtung nie im Stich gelassen hatte. Infolgedessen belästigte Smith sie mit der Theorie (die er offenbar wirklich ernst nahm), dass Damen Sparsamkeit mit Pracht vereinen könnten, wenn sie leichte Kreidemuster auf ein schlichtes Kleid zeichnen und diese dann wieder abstauben würden. Er gründete „Smith's Lightning Dressmaking Company" mit zwei Bildschirmen, einem Pappschild und einer Schachtel mit hellen, weichen Buntstiften. und Miss Diana warf ihm tatsächlich einen verlassenen schwarzen Overall oder ein Arbeitskleid zu, an dem er die Talente einer Modistin ausüben konnte. Er brachte ihr sofort ein Kleidungsstück hervor, das mit roten und goldenen Sonnenblumen geschmückt war; Sie hielt es einen Moment lang an ihre Schultern und sah aus wie eine Kaiserin. Und als Arthur Inglewood einige Stunden später sein Fahrrad reinigte (mit seiner üblichen Miene, unentwirrbar darin verborgen zu sein), blickte er auf; und sein heißes Gesicht wurde heißer, denn Diana stand einen Moment lang lachend in der Tür, und ihr dunkles Gewand war reich an Grün und Lila großer dekorativer Pfauen, wie ein geheimer Garten aus „1001 Nacht". Ein Schmerz, der so heftig war, dass man ihn weder Schmerz noch Vergnügen nennen konnte, durchzuckte sein Herz wie ein Degen aus der alten Welt. Er erinnerte sich, wie hübsch er sie vor Jahren fand, als er bereit war, sich in irgendjemanden zu verlieben; aber es war, als würde man sich an die Verehrung einer babylonischen Prinzessin in einer früheren Existenz erinnern. Als er sie das nächste Mal sah (und er ertappte sich dabei, wie er darauf wartete), war die violette und grüne Kreide abgestaubt, und sie ging in ihrer Arbeitskleidung schnell an ihnen vorbei.

Was Mrs. Duke betrifft, konnte sich niemand, der diese Oberin kannte, vorstellen, dass sie sich aktiv gegen die Invasion wehrte, die ihr Haus auf den Kopf gestellt hatte. Aber unter den genauesten Beobachtern glaubte man ernsthaft, dass es ihr gefiel. Denn sie gehörte zu den Frauen, die im Grunde alle Männer als gleichermaßen verrückte, wilde Tiere einer völlig eigenen Art betrachteten. Und es ist zweifelhaft, ob sie in Smiths Kaminpicknicks oder purpurroten Sonnenblumen wirklich etwas Exzentrischeres oder Unerklärlicheres gesehen hat als in den Chemikalien von Inglewood oder den hämischen Reden von Moon. Höflichkeit hingegen ist eine Sache, die jeder verstehen kann, und Smiths Manieren waren ebenso höflich wie unkonventionell. Sie sagte, er sei „ein echter Gentleman", womit sie einfach einen gutherzigen Mann meinte, was etwas ganz anderes ist. Sie saß stundenlang mit dicken, gefalteten Händen und einem breiten, gefalteten Lächeln am Kopfende des Tisches , während alle anderen gleichzeitig redeten. Zumindest war die einzige andere Ausnahme Rosamunds Begleiterin Mary Gray, deren Schweigen viel eifriger war. Obwohl sie nie sprach, sah sie immer so aus, als ob sie jeden Moment sprechen könnte. Vielleicht ist dies genau die Definition eines Begleiters. Innocent Smith schien sich, wie in andere Abenteuer auch, in das Abenteuer zu stürzen, sie zum Reden zu bringen. Es gelang ihm nie, aber er wurde nie brüskiert; Wenn er etwas erreichte, dann nur, die Aufmerksamkeit auf diese stille Gestalt zu lenken und sie ein klein wenig aus der Bescheidenheit in ein Geheimnis zu verwandeln. Aber wenn sie ein Rätsel war, erkannte jeder, dass sie ein frisches und unberührtes Rätsel war, wie das Rätsel des Himmels und der Wälder im Frühling. Obwohl sie etwas älter war als die beiden anderen Mädchen, besaß sie tatsächlich eine frühmorgendliche Begeisterung , einen frischen Ernst der Jugend, den Rosamund durch das bloße Ausgeben von Geld verloren zu haben schien, und Diana durch die bloße Bewachung davon. Smith sah sie immer wieder an. Ihre Augen und ihr Mund waren falsch in ihr Gesicht eingesetzt – was eigentlich richtig war. Sie hatte die Gabe, alles mit ihrem Gesicht zu sagen: Ihr Schweigen war eine Art stetiger Applaus.

Aber unter den urkomischen Experimenten dieses Feiertags (der eher wie ein Wochenurlaub als wie ein Tagesurlaub wirkte) sticht ein Experiment hervor, nicht weil es alberner oder erfolgreicher war als die anderen, sondern weil aus dieser besonderen Torheit all das Seltsame hervorging Ereignisse, die folgen sollten. Alle anderen Scherze explodierten von selbst und hinterließen eine Lücke; alle anderen Fiktionen kehrten zu sich selbst zurück und endeten wie ein Lied. Aber die Reihe solider und verblüffender Ereignisse – zu denen ein Droschkentaxi, ein Detektiv, eine Pistole und eine Heiratsurkunde gehören sollten – wurden alle in erster Linie durch den Witz über den High Court of Beacon ermöglicht.

Es hatte seinen Ursprung nicht bei Innocent Smith, sondern bei Michael Moon. Er war in einer seltsamen Stimmung und unter Druck und redete unaufhörlich; Dennoch war er noch nie sarkastischer und sogar unmenschlicher gewesen. Er nutzte sein altes, nutzloses Wissen als

Rechtsanwalt, um unterhaltsam von einem Tribunal zu sprechen, das eine Parodie auf die pompösen Anomalien des englischen Rechts sei. Der High Court of Beacon, erklärte er, sei ein großartiges Beispiel unserer freien und vernünftigen Verfassung. Es war von König Johann unter Missachtung der Magna Carta gegründet worden und hatte nun die absolute Macht über Windmühlen, Wein- und Spirituosenlizenzen , in der Türkei reisende Damen, die Revision von Strafen für Hundediebstahl und Vatermord sowie alles, was auch immer passierte die Stadt Market Bosworth. Alle hundertneun Seneschalle des High Court of Beacon trafen sich alle vier Jahrhunderte; aber in der Zwischenzeit (wie Mr. Moon erklärte) lagen die gesamten Befugnisse der Institution bei Mrs. Duke. Hin und her geworfen zwischen dem Rest des Unternehmens, behielt der Oberste Gerichtshof jedoch nicht seine historische und rechtliche Ernsthaftigkeit, sondern wurde in einem Aufruhr innerstaatlicher Details einigermaßen skrupellos eingesetzt. Wenn jemand die Worcester-Sauce auf das Tischtuch verschüttete, war er ganz sicher, dass es sich um einen Ritus handelte, ohne den die Sitzungen und Feststellungen des Gerichts ungültig wären; oder wenn jemand wollte, dass ein Fenster geschlossen blieb, fiel ihm plötzlich ein, dass niemand außer dem dritten Sohn des Gutsherrn von Penge das Recht hatte, es zu öffnen. Sie gingen sogar so weit, Verhaftungen vorzunehmen und strafrechtliche Ermittlungen einzuleiten. Der geplante Prozess gegen Moses Gould wegen Patriotismus ging über die Köpfe des Unternehmens, insbesondere des Verbrechers, hinaus; Aber der Prozess gegen Inglewood wegen fotografischer Verleumdung und sein triumphaler Freispruch aufgrund der Einrede der Unzurechnungsfähigkeit standen, so wurde anerkannt, in der besten Tradition des Gerichts.

Aber als Smith in wilder Stimmung war , wurde er immer ernster und nicht immer leichtfertiger wie Michael Moon. Diesen Vorschlag eines Privatgerichtshofs, den Moon mit der Distanziertheit eines politischen Humoristen verworfen hatte , griff Smith wirklich mit dem Eifer eines abstrakten Philosophen auf. Es sei bei weitem das Beste, was sie tun könnten, erklärte er, souveräne Befugnisse auch für den einzelnen Haushalt zu beanspruchen.

„Sie glauben an die Home Rule für Irland; Ich glaube an die Hausordnung für Häuser", rief er Michael eifrig zu. „Es wäre besser, wenn jeder Vater seinen Sohn töten KÖNNTE, wie bei den alten Römern; es wäre besser, weil niemand getötet würde. Lassen Sie uns eine Unabhängigkeitserklärung von Beacon House abgeben. Wir könnten in diesem Garten genug Grünzeug anbauen, um uns zu ernähren, und wenn der Steuereintreiber kommt, sagen wir ihm, dass wir uns selbst versorgen, und spielen ihn mit dem Schlauch aus ... Nun, vielleicht könnten wir, wie Sie sagen, das Es ist nicht gut, einen Schlauch zu haben, da dieser von der Hauptleitung kommt; aber wir könnten einen Brunnen in diese Kreide bohren, und mit Wasserkrügen ließe sich viel machen ... Das soll wirklich Beacon House sein. Lasst uns auf dem Dach ein Freudenfeuer der Unabhängigkeit entzünden und sehen, wie ein Haus nach dem anderen auf der anderen Seite der Themse darauf reagiert! Lasst uns die Liga der Freien Familien beginnen! Weg mit der Kommunalverwaltung! Eine Feige für Lokalpatriotismus! Möge jedes Haus ein souveräner Staat sein und seine eigenen Kinder nach seinem eigenen Gesetz richten, so wie wir es nach dem Gericht von Beacon tun. Lasst uns den Maler abschneiden und anfangen, gemeinsam glücklich zu sein, als wären wir auf einer einsamen Insel."

„Ich kenne diese einsame Insel", sagte Michael Moon; „Es existiert nur in der ‚Schweizer Familie Robinson'." Ein Mann verspürt ein seltsames Verlangen nach einer Art Pflanzenmilch, und plötzlich kommt eine unerwartete Kokosnuss von einem unentdeckten Affen herunter. Ein Literat fühlt sich geneigt, ein Sonett zu verfassen, und plötzlich stürzt ein bösartiges Stachelschwein aus einem Dickicht und schießt eine seiner Federkiele hervor."

„Sagen Sie kein Wort gegen die ‚Schweizer Familie Robinson'", rief Innocent mit großer Wärme. „Es ist vielleicht keine exakte Wissenschaft, aber es ist absolut genaue Philosophie. Wenn man wirklich Schiffbruch erlitten hat, findet man wirklich, was man will. Wenn man wirklich auf einer einsamen Insel ist, findet man nie, dass es sich um eine Wüste handelt. Wenn wir in diesem Garten wirklich belagert würden, würden wir hundert englische Vögel und englische Beeren finden, von denen wir nie wussten, dass sie hier sind. Wenn wir in diesem Raum eingeschneit wären , wären wir umso besser dran, wenn wir Dutzende Bücher in diesem Bücherregal lesen könnten, von denen wir nicht einmal wissen, dass sie da sind. wir würden Gespräche miteinander führen, gute, schreckliche Gespräche, dass wir ohne zu ahnen ins Grab gehen würden; wir fanden Materialien für alles – Taufe, Hochzeit oder Beerdigung; ja, sogar für eine Krönung – wenn wir uns nicht dazu entschließen würden, eine Republik zu sein."

„Eine Krönung im Sinne einer ‚Schweizer Familie', nehme ich an", sagte Michael lachend. „Oh, ich weiß, dass du in dieser Atmosphäre alles finden würdest. Wenn wir so etwas Einfaches wollten, zum Beispiel einen Krönungsbaldachin, sollten wir hinter den Geranien hinuntergehen und den Canopy Tree in voller Blüte finden. Wenn wir so eine Kleinigkeit wie eine Krone aus Gold wollten, dann müssten wir Löwenzahn ausgraben und unter dem Rasen eine Goldmine finden. Und als wir Öl für die Zeremonie brauchten, würde ein großer Sturm vermutlich alles an Land spülen und wir würden feststellen, dass sich auf dem Gelände ein Wal befand."

„Soweit Sie wissen, ist also ein Wal auf dem Gelände", beteuerte Smith und schlug leidenschaftlich auf den Tisch. „Ich wette, Sie haben die Räumlichkeiten noch nie untersucht! Ich wette, du warst noch nie so weit hinten wie ich heute Morgen – denn ich habe festgestellt, dass genau das, was du sagst, nur auf einem Baum wachsen kann. An der Mülltonne steht ein altes quadratisches Zelt; Es hat drei Löcher in der Plane und eine Stange ist gebrochen, also ist es als Zelt nicht besonders gut, aber als Überdachung –" Und seine Stimme vermochte es völlig, ihre strahlende Eignung zum Ausdruck zu bringen; Dann fuhr er mit kontroversem Eifer fort: „Sehen Sie, ich nehme jede Herausforderung an, wie Sie sie schaffen. Ich glaube, dass jedes gesegnete Ding, von dem Sie sagen, dass es nicht hier sein könnte, die ganze Zeit hier war. Sie sagen, Sie wollen, dass ein Wal wegen Öl angeschwemmt wird. In der Menage neben deinem Ellbogen ist Öl; und ich glaube nicht, dass irgendjemand es seit Jahren berührt oder daran gedacht hat. Und was Ihre Goldkrone betrifft: Wir sind hier alle nicht reich, aber wir könnten genug Zehn-Schilling-Stücke aus unseren eigenen Taschen sammeln, um sie eine halbe Stunde lang um den Kopf eines Mannes zu binden; oder einer von Miss Hunts goldenen Armreifen ist fast groß genug, um –"

Die gutgelaunte Rosamund war vor Lachen fast erstickt. „Es ist nicht alles Gold, was glänzt", sagte sie, „und außerdem –"

„Was für ein Fehler das ist!" rief Innozenz Smith und sprang in großer Aufregung auf. „Alles ist Gold, was glänzt – besonders jetzt, wo wir ein souveräner Staat sind. Was nützt ein souveräner Staat, wenn man einen Souverän nicht definieren kann? Wir können alles zu Edelmetall machen, so wie es die Menschen am Morgen der Welt konnten. Sie haben sich nicht für Gold entschieden, weil es selten war; Ihre Wissenschaftler können Ihnen zwanzig Arten von Schleim nennen, die viel seltener sind. Sie entschieden sich für Gold, weil es glänzend war – weil es schwer zu finden war, aber hübsch, wenn man es gefunden hatte. Man kann nicht mit goldenen Schwertern kämpfen oder goldene Kekse essen; man kann es nur anschauen – und man kann es hier draußen anschauen."

Mit einer seiner unberechenbaren Bewegungen sprang er zurück und öffnete die Türen zum Garten. Gleichzeitig streckte er mit einer seiner Gesten, die in diesem Moment noch nie so unkonventionell wirkten, seine Hand nach Mary Gray aus und führte sie wie zu einem Tanz auf den Rasen.

Die so weit geöffneten französischen Fenster ließen einen Abend herein, der noch schöner war als der des Vortages. Der Westen schwamm in heiteren Farben , und eine Art schläfriges Feuer lag auf dem Rasen. Die verdrehten Schatten der ein oder zwei Gartenbäume erschienen auf diesem Glanz, nicht grau oder schwarz wie bei gewöhnlichem Tageslicht, sondern wie Arabesken, die mit leuchtend violetter Tinte auf eine Seite aus orientalischem Gold geschrieben waren. Der Sonnenuntergang war einer dieser festlichen und doch geheimnisvollen Feuersbrünste, bei denen gewöhnliche Dinge durch ihre Farben an kostspielige oder merkwürdige

Dinge erinnern. Die Schieferplatten auf dem schrägen Dach brannten wie die Federn eines riesigen Pfaus in jeder geheimnisvollen Mischung aus Blau und Grün. Die rotbraunen Ziegelsteine der Mauer leuchteten in all den Oktobertönen kräftiger rubinroter und gelbbrauner Weine. Die Sonne schien jeden Gegenstand mit einer andersfarbigen Flamme anzuzünden , als würde ein Mann ein Feuerwerk anzünden ; und selbst Innocents Haar, das von eher farblosem Blond war, schien eine Flamme aus heidnischem Gold zu haben, als er über den Rasen auf den einen hohen Steinhügel zuschritt.

„Was würde das Gold nützen", sagte er, „wenn es nicht glänzte? Warum sollten wir uns um einen schwarzen Souverän mehr kümmern als um eine schwarze Mittagssonne? Ein schwarzer Knopf würde genauso gut funktionieren. Sehen Sie nicht, dass in diesem Garten alles wie ein Juwel aussieht? Und würden Sie mir freundlicherweise sagen, was zum Teufel ein Juwel nützt, außer dass es wie ein Juwel aussieht? Hören Sie mit dem Kaufen und Verkaufen auf und beginnen Sie mit der Suche! Öffne deine Augen und du wirst im Neuen Jerusalem aufwachen.

> „Alles ist Gold, was glänzt –
> Baum und Turm aus Messing; rollt die goldene Abendluft
> das goldene Gras hinunter. Schreit nach Jericho, wie gelber
> Schlamm verkauft wird; alles ist Gold, was glänzt, denn der
> Glanz ist das Gold."

„Und wer hat das geschrieben?" fragte Rosamund amüsiert.

„Niemand wird es jemals schreiben", antwortete Smith und sprang mit einem fliegenden Satz über den Steingarten.

„Wirklich", sagte Rosamund zu Michael Moon, „er sollte in eine Anstalt gebracht werden." Meinst du nicht auch?"

„Ich bitte um Verzeihung", fragte Michael ziemlich düster ; Sein langer, dunkler Kopf hob sich dunkel vom Sonnenuntergang ab, und entweder zufällig oder aus Laune wirkte er inmitten der gesellschaftlichen Extravaganz des Gartens isoliert und sogar feindselig.

„Ich habe nur gesagt, dass Mr. Smith in eine Anstalt gehen sollte", wiederholte die Dame.

Das hagere Gesicht schien immer länger zu werden, denn Moon grinste unverkennbar höhnisch. „Nein", sagte er; „Ich glaube nicht, dass es überhaupt notwendig ist."

"Wie meinst du das?" fragte Rosamund schnell. "Warum nicht?"

„Weil er jetzt in einem ist", antwortete Michael Moon mit leiser, aber hässlicher Stimme. „Warum, wusstest du das nicht?"

"Was?" schrie das Mädchen, und ihre Stimme brach; denn das Gesicht und die Stimme des Iren waren wirklich fast unheimlich. Mit seiner dunklen Figur und seinen dunklen Sprüchen in all dem Sonnenschein sah er aus wie der Teufel im Paradies.

„Es tut mir leid", fuhr er mit einer Art rauer Demut fort. „ Natürlich reden wir nicht viel darüber... aber ich dachte, wir wüssten es wirklich alle."

"Wusste was?"

„Nun", antwortete Moon, „dieses Beacon House ist eine bestimmte, ziemlich einzigartige Art von Haus – ein Haus mit losen Ziegeln, sagen wir? Innocent Smith ist nur der Arzt, der uns besucht; Warst du nicht schon da, als er anrief? Da die meisten unserer Krankheiten melancholisch sind, muss er natürlich besonders fröhlich sein. Vernunft erscheint uns natürlich als eine sehr aufgeblasene, exzentrische Sache. Über eine Mauer springen, auf einen Baum klettern – das ist seine Art am Krankenbett."

„ So etwas darf man doch nicht sagen!" rief Rosamund wütend. „Du wagst es nicht, vorzuschlagen, dass ich –"

„Nicht mehr als ich", sagte Michael beruhigend; „Nicht mehr als der Rest von uns. Ist Ihnen noch nie aufgefallen, dass Miss Duke nie still sitzt – ein berüchtigtes Zeichen? Ist Ihnen noch nie aufgefallen, dass Inglewood sich ständig die Hände wäscht – ein bekanntes Zeichen einer Geisteskrankheit? Ich bin natürlich ein Dipsomane."

„Ich glaube dir nicht", brach sein Begleiter nicht ohne Aufregung aus. „Ich habe gehört, dass du ein paar schlechte Angewohnheiten hattest –"

„Alle Gewohnheiten sind schlechte Gewohnheiten", sagte Michael mit tödlicher Ruhe. „Wahnsinn entsteht nicht durch Ausbruch, sondern durch Nachgeben; indem man sich in einem schmutzigen, kleinen, sich selbst wiederholenden Gedankenkreis niederlässt; indem man gezähmt wird. DU bist verrückt nach Geld geworden, weil du eine Erbin bist."

„Das ist eine Lüge", schrie Rosamund wütend. „Ich war nie gemein, wenn es um Geld ging."

„Du warst schlimmer", sagte Michael leise und doch heftig. „Du hast gedacht, dass andere Leute es wären. Sie dachten, jeder Mann, der in Ihre Nähe kam, müsse ein Glücksjäger sein; du würdest dich nicht gehen lassen und gesund bleiben; und jetzt bist du verrückt und ich bin verrückt und tu uns recht."

„Du Rohling!" sagte Rosamund, ganz weiß. „Und ist das wahr?"

Mit der intellektuellen Grausamkeit, zu der der Kelte fähig ist, wenn seine Abgründe revoltieren, schwieg Michael einige Sekunden und trat dann mit einer ironischen Verbeugung zurück. „Natürlich nicht im wahrsten Sinne des

Wortes", sagte er; „Nur wirklich wahr. Eine Allegorie, sagen wir? eine Gesellschaftssatire."

„Und ich hasse und verachte Ihre Satiren", rief Rosamund Hunt, ließ ihre ganze kraftvolle weibliche Persönlichkeit wie ein Wirbelsturm los und sprach jedes Wort, das sie verletzte. „Ich verachte es, so wie ich deinen schlechten Tabak verachte und deine hässlichen, faulen Art und dein Knurren und deinen Radikalismus und deine alten Klamotten und dein kleines Zeitungspapier und dein schreckliches Versagen in allem. Es ist mir egal, ob du es Snobismus nennst oder nicht, ich mag das Leben und den Erfolg und lustige Dinge zum Anschauen und Action. Du wirst mir mit Diogenes keine Angst machen; Ich bevorzuge Alexander."

„Victrix causa deæ –" sagte Michael düster; und das verärgerte sie noch mehr, denn da sie nicht wusste, was es bedeutete, hielt sie es für witzig.

„Oh, ich wage zu behaupten, dass Sie Griechisch können", sagte sie mit fröhlicher Ungenauigkeit; „Du hast damit auch nicht viel gemacht." Und sie durchquerte den Garten und verfolgte den verschwundenen Innozenz und Maria.

Dabei kam sie an Inglewood vorbei, der langsam und mit gedankenverhangener Stirn zum Haus zurückkehrte. Er war einer dieser Männer, die ziemlich schlau, aber ganz im Gegenteil schnell sind. Als er aus dem Sonnenuntergangsgarten in den Dämmerungssalon zurückkam , sprang Diana Duke schnell auf und begann, das Teegeschirr wegzuräumen. Aber erst hatte Inglewood ein so einzigartiges Sofortbild gesehen, dass er es durchaus mit seiner ewigen Kamera hätte fotografieren können. Denn Diana hatte vor ihrem unvollendeten Werk gesessen, das Kinn auf die Hand gestützt, und gedankenlos direkt aus dem Fenster geschaut.

„Du bist beschäftigt", sagte Arthur, seltsam verlegen über das, was er gesehen hatte, und am liebsten hätte er es ignoriert.

„Auf dieser Welt ist keine Zeit zum Träumen", antwortete die junge Dame mit dem Rücken zu ihm.

„Ich habe in letzter Zeit gedacht", sagte Inglewood mit leiser Stimme, „dass es keine Zeit zum Aufwachen gibt."

Sie antwortete nicht, und er ging zum Fenster und blickte auf den Garten hinaus.

„Ich rauche und trinke nicht, wissen Sie", sagte er irrelevant, „weil ich denke, dass es Drogen sind." Und doch glaube ich, dass alle Hobbys, wie meine Kamera und mein Fahrrad, auch Drogen sind. Unter eine schwarze Kapuze zu gelangen, in einen dunklen Raum zu gelangen – jedenfalls in ein Loch zu geraten. Ich betäube mich mit Geschwindigkeit, Sonnenschein, Müdigkeit und frischer Luft. Die Maschine so schnell in die Pedale treten , dass ich mich selbst in eine Maschine verwandle. Das geht uns allen so. Wir sind zu beschäftigt, um aufzuwachen."

„Nun", sagte das Mädchen bestimmt, „womit kann man aufwachen?"

"Da muss sein!" rief Inglewood und drehte sich in einer seltsamen Aufregung um – „ Es muss etwas geben, womit man aufwachen kann!" Alles, was wir tun, sind Vorbereitungen – Ihre Sauberkeit und meine Gesundheit und die wissenschaftlichen Geräte von Warner. Wir bereiten uns immer auf etwas vor – etwas, das nie zustande kommt. Ich lüfte das Haus, und du fegst das Haus; aber was wird im Haus PASSIEREN?"

Sie sah ihn ruhig, aber mit sehr hellen Augen an und schien nach Worten zu suchen, die sie nicht finden konnte.

Bevor sie etwas sagen konnte, sprang die Tür auf, und die ausgelassene Rosamund Hunt stand mit ihrem extravaganten weißen Hut, ihrer Boa und ihrem Sonnenschirm im Türrahmen. Sie war in glühender Hitze, und auf ihrem offenen Gesicht lag der Ausdruck kindlichster Verwunderung.

„Nun, hier ist ein schönes Spiel!" sagte sie keuchend. „Was soll ich jetzt tun, frage ich mich? Ich habe für Dr. Warner telegraphiert; Das ist alles, woran ich denken kann."

"Was ist los?" fragte Diana ziemlich scharf, bewegte sich aber vorwärts, als würde man früher um Hilfe gerufen.

„Es ist Mary", sagte die Erbin, „meine Begleiterin Mary Gray: Ihr verrückter Freund namens Smith hat ihr nach zehn Stunden Kennenlernen im Garten einen Heiratsantrag gemacht, und er möchte jetzt mit ihr losgehen, um eine Sonderlizenz zu bekommen . "

Arthur Inglewood ging zu den offenen französischen Fenstern und blickte auf den Garten hinaus, der noch immer golden im Abendlicht war. Dort bewegte sich nichts außer ein paar Vögeln, die hüpften und zwitscherten; Aber hinter der Hecke und dem Gelander, auf der Straße vor dem Gartentor, wartete ein Kutscherwagen mit der gelben Gladstone-Tasche darauf.

Kapitel IV
Der Garten Gottes

Diana Duke schien unerklärlicherweise irritiert über das plötzliche Eintreten und die Äußerung des anderen Mädchens.

„Nun", sagte sie knapp, „ich nehme an, Miss Gray kann ihn ablehnen, wenn sie ihn nicht heiraten will."

„Aber sie will ihn wirklich heiraten!" rief Rosamund entnervt. „Sie ist eine wilde, böse Narrin, und ich werde mich nicht von ihr trennen."

„Vielleicht", sagte Diana eisig, „aber ich sehe wirklich nicht, was wir tun können."

„Aber der Mann ist mild, Diana", argumentierte ihre Freundin wütend. „Ich kann nicht zulassen, dass meine nette Gouvernante einen milden Mann heiratet! Sie oder jemand MÜSSEN damit aufhören! – Herr Inglewood, Sie sind ein Mann; Geh und sag ihnen, dass sie es einfach nicht können."

„Leider scheint es mir, dass sie es einfach können", sagte Inglewood mit gedrückter Miene. „Ich habe weitaus weniger Eingriffsrechte als Miss Duke, außerdem verfüge ich natürlich über weitaus weniger moralische Kraft als sie."

„Von euch beiden habt ihr nicht viel", rief Rosamund, während die letzten Reste ihrer furchtbaren Laune nachgaben; „Ich denke, ich werde woanders hingehen, um ein wenig Sinn und Mut zu finden. Ich glaube, ich kenne jemanden , der mir auf jeden Fall mehr helfen wird als Sie ... er ist ein streitsüchtiges Biest, aber er ist ein Mann und hat einen Verstand und weiß es ..." Und sie stürzte in den Garten , mit brennenden Wangen, und der Sonnenschirm drehte sich wie ein Katharinenrad.

Sie fand Michael Moon unter dem Gartenbaum stehen und über die Hecke schauen; gebeugt wie ein Raubvogel, die große Pfeife hing über sein langes blaues Kinn. Die Härte seines Gesichtsausdrucks gefiel ihr, nach dem Unsinn der neuen Verlobung und den Schwankungen ihrer anderen Freunde.

„Es tut mir leid, dass ich wütend war, Mr. Moon", sagte sie offen. „Ich habe dich gehasst, weil du ein Zyniker warst; aber ich wurde gut bestraft, denn ich will gerade einen Zyniker. Ich habe genug von Gefühlen – ich habe es satt. Die Welt ist verrückt geworden, Mr. Moon – alle außer den Zynikern, glaube ich. Dieser verrückte Smith möchte meine alte Freundin Mary heiraten, und es scheint ihr – und ihr – nichts auszumachen."

Als sie sah, dass sein aufmerksames Gesicht immer noch ungestört rauchte, fügte sie elegant hinzu: „Ich mache keine Witze; Das ist Mr. Smiths Taxi draußen. Er schwört, dass er sie jetzt zu seiner Tante mitnehmen und eine Sonderlizenz beantragen wird . Geben Sie mir einige praktische Ratschläge, Mr. Moon."

Mr. Moon nahm seine Pfeife aus dem Mund, hielt sie einen Moment nachdenklich in der Hand und warf sie dann auf die andere Seite des Gartens. „Mein praktischer Rat an Sie ist dieser", sagte er: „Lassen Sie ihn seine Sonderlizenz beantragen und bitten Sie ihn, eine weitere für Sie und mich zu besorgen."

„Ist das einer deiner Witze?" fragte die junge Dame. „Sagen Sie, was Sie wirklich meinen."

„Ich meine, dass Innocent Smith ein Geschäftsmann ist", sagte Moon mit schwerfälliger Präzision – „ ein schlichter, praktischer Mann: ein Mann der Dinge; ein Mann der Fakten und des Tageslichts. Er hat plötzlich zwanzig Tonnen guter Bausteine auf meinen Kopf geworfen, und ich bin froh, sagen zu können, dass sie mich aufgeweckt haben. Wir sind vor einiger Zeit auf genau diesem Rasen, in diesem Sonnenlicht, eingeschlafen. Wir haben ungefähr fünf Jahre lang ein kleines Nickerchen gemacht, aber jetzt werden wir heiraten, Rosamund, und ich verstehe nicht, warum dieses Taxi ...“

„Wirklich", sagte Rosamund energisch, „ich weiß nicht, was du meinst."

"Was eine Lüge!" rief Michael und ging mit leuchtenden Augen auf sie zu. „Ich bin grundsätzlich für Lügen; Aber sehen Sie nicht, dass sie es heute Abend nicht tun werden? Wir sind in eine Welt voller Fakten geraten, altes Mädchen. Das wachsende Gras, der Sonnenuntergang und das Taxi vor der Tür sind Tatsachen. Du hast dich immer damit gequält und entschuldigt, dass ich hinter deinem Geld her war und dich nicht wirklich liebte. Aber wenn ich jetzt hier stünde und dir sagen würde, dass ich dich nicht liebe – du würdest mir nicht glauben: denn heute Nacht ist die Wahrheit in diesem Garten."

„Wirklich, Mr. Moon . “, sagte Rosamund etwas schwächer.

Er hielt zwei große blaue Magnetaugen auf ihr Gesicht gerichtet. „Ist mein Name Moon?" er hat gefragt. „Ist Ihr Name Hunt? Bei meiner Ehre klingen sie für mich so urig und so distanziert wie Indianernamen. Es ist, als ob Ihr Name „Swim" wäre und mein Name „Sunrise". Aber unsere richtigen Namen sind Ehemann und Ehefrau, so wie sie waren, als wir einschliefen."

„Es nützt nichts", sagte Rosamund mit echten Tränen in den Augen; „Man kann nie zurück."

„Ich kann gehen, wohin ich will", sagte Michael, „und ich kann dich auf meiner Schulter tragen."

„Aber wirklich, Michael, wirklich, du musst innehalten und nachdenken!" rief das Mädchen ernst. „Du könntest mich mit Leib und Seele von den Füßen reißen, das wage ich zu behaupten, aber es kann trotz alledem ein bitter schlechtes Geschäft sein. Diese Dinge, die in diesem romantischen

Rausch getan werden, wie die von Mr. Smith, sie – sie ziehen Frauen an, das leugne ich nicht. Wie Sie sagen, sagen wir heute Abend alle die Wahrheit. Zum einen haben sie die arme Mary angezogen. Sie ziehen mich an, Michael. Aber die kalte Tatsache bleibt bestehen: Unvorsichtige Ehen führen zu langem Unglück und Enttäuschung – Sie haben sich an Ihre Getränke und Dinge gewöhnt – ich werde nicht mehr lange leben –"

„Unvorsichtige Ehen!" brüllte Michael. „Und beten Sie, wo auf der Erde oder im Himmel gibt es kluge Ehen? Könnte genauso gut über umsichtige Selbstmorde sprechen. Sie und ich haben lange genug miteinander herumgetrödelt, und sind wir sicherer als Smith und Mary Gray, die sich letzte Nacht kennengelernt haben? Man lernt einen Ehemann erst kennen, wenn man ihn heiratet. Unzufrieden! Natürlich wirst du unglücklich sein. Wer zum Teufel bist du, dass du nicht unglücklich sein solltest, wie die Mutter, die dich geboren hat? Enttäuscht! Natürlich werden wir enttäuscht sein. Ich für meinen Teil erwarte nicht, bis ich sterbe, ein so guter Mann zu sein, wie ich es in diesem Moment bin – ein Turm, in dem alle Posaunen brüllen."

„Du siehst das alles", sagte Rosamund mit großer Aufrichtigkeit in ihrem festen Gesicht, „und willst du mich wirklich heiraten?"

„Mein Schatz, was gibt es sonst noch zu tun?" argumentierte der Ire. „Welche andere Beschäftigung gibt es für einen aktiven Mann auf dieser Erde, außer dich zu heiraten? Was ist die Alternative zur Ehe, abgesehen vom Schlaf? Es ist keine Freiheit, Rosamund. Wenn Sie nicht Gott heiraten, wie es unsere Nonnen in Irland tun, müssen Sie einen Menschen heiraten – das bin ich. Das einzige Dritte ist, sich selbst zu heiraten – sich selbst, sich selbst, sich selbst – den einzigen Partner, der niemals zufrieden – und niemals zufriedenstellend ist."

„Michael", sagte Miss Hunt mit sehr sanfter Stimme, „wenn Sie nicht so viel reden, werde ich Sie heiraten."

„Es ist keine Zeit zum Reden", rief Michael Moon; „Singen ist das Einzige. Kannst du deine Mandoline nicht finden, Rosamund?"

„Geh und hol es für mich", sagte Rosamund mit klarer und scharfer Autorität.

Der herumlungernde Mr. Moon stand für den Bruchteil einer Sekunde erstaunt da; dann schoss er über den Rasen davon, als wäre er mit den Federschuhen aus dem griechischen Märchen beschlagen. Er überwand drei Meter und fünfzehn Gänseblümchen mit einem Sprung, aus bloßer körperlicher Leichtigkeit; aber als er bis auf einen oder zwei Meter an die offenen Wohnzimmerfenster herankam , fielen seine fliegenden Füße auf die alte Art und Weise wie Blei herab; Er drehte sich um und kam langsam und pfeifend zurück. Die Ereignisse dieses verzauberten Abends waren noch nicht zu Ende.

In dem dunklen Wohnzimmer, in das Moon einen flüchtigen Blick geworfen hatte, geschah fast einen Augenblick nach Rosamunds zügellosem Abgang etwas Merkwürdiges. Es war etwas, das Arthur Inglewood, als es in diesem dunklen Salon geschah , so vorkam, als würden sich Himmel und Erde Hals über Kopf drehen, das Meer sei die Decke und die Sterne der Boden. Mit Worten lässt sich nicht ausdrücken, wie sehr es ihn in Erstaunen versetzte, so wie es alle einfachen Menschen in Erstaunen versetzt, wenn es passiert. Doch der steifste weibliche Stoizismus scheint nur durch ein Blatt Papier oder ein Stahlblech davon getrennt zu sein. Es bedeutet keine Kapitulation, geschweige denn Sympathie. Die steifste und rücksichtsloseste Frau kann anfangen zu weinen, so wie sich der weibischste Mann einen Bart wachsen lassen kann. Es ist eine eigenständige sexuelle Kraft und beweist in keiner Weise die Charakterstärke. Aber für junge Männer, die keine Ahnung von Frauen hatten, wie Arthur Inglewood, war es, als würde man Diana Duke weinen sehen, als würde man einem Auto Benzintränen vergießen.

Er hätte niemals (selbst wenn seine wirklich männliche Bescheidenheit es erlaubt hätte) auch nur eine vage Vorstellung davon vermitteln können, was er tat, als er dieses Vorzeichen sah. Er verhielt sich wie Männer, wenn ein Theater brennt – ganz anders, als sie sich selbst als Schauspieler vorgestellt hätten, im Guten wie im Schlechten. Er hatte eine schwache Erinnerung an bestimmte halb unterdrückte Erklärungen, dass die Erbin der einzige wirklich zahlende Gast sei und dass sie gehen würde und die Gerichtsvollzieher (infolgedessen) kommen würden; aber danach wusste er nichts mehr von seinem eigenen Verhalten, außer durch die Proteste, die es hervorrief.

„Lassen Sie mich in Ruhe, Mr. Inglewood – lassen Sie mich in Ruhe; So kann man nicht helfen.“

„Aber ich kann Ihnen helfen“, sagte Arthur mit bitterer Gewissheit; „Ich kann, ich kann, ich kann ...“

„Du hast doch gesagt“, rief das Mädchen, „dass du viel schwächer wärst als ich.“

„ Also bin ich schwächer als du“, sagte Arthur mit einer Stimme, die durch alles vibrierte, „aber nicht nur jetzt.“

„Lass meine Hände los!“ rief Diana. „Ich lasse mich nicht schikanieren.“

In einem Element war er viel stärker als sie – was den Humor anging . Das sprang plötzlich in ihm hoch, und er lachte und sagte: „Nun, du bist gemein. Du weißt ganz genau, dass du mich für den Rest meines Lebens schikanieren wirst. Man könnte einem Mann die eine Minute seines Lebens gönnen, in der er schikanieren darf.“

Es war für ihn ebenso außergewöhnlich zu lachen wie für sie zu weinen, und zum ersten Mal seit ihrer Kindheit war Diana völlig unvorbereitet.

„Meinst du, du willst mich heiraten?" Sie sagte.

„Warum, da steht ein Taxi vor der Tür!" rief Inglewood, sprang mit unbewusster Energie auf und sprang die Glastüren auf, die in den Garten führten.

Hand hinausführte, wurde ihnen irgendwie zum ersten Mal bewusst, dass sich Haus und Garten auf einer steilen Anhöhe über London befanden. Und doch empfanden sie den Ort zwar als erhaben, empfanden ihn aber auch als geheim: Es war wie ein runder, ummauerter Garten auf der Spitze eines der Türme des Himmels.

Inglewood sah sich verträumt um, seine braunen Augen verschlangen alle möglichen Details mit sinnloser Freude. Zum ersten Mal bemerkte er, dass das Geländer des Tors hinter den Gartenbüschen wie kleine Speerspitzen geformt und blau gestrichen war. Er bemerkte, dass einer der blauen Speere an seiner Stelle gelöst war und seitlich hing; und das brachte ihn fast zum Lachen. Er fand es irgendwie äußerst harmlos und komisch, dass das Geländer schief sein sollte; Er dachte, er würde gerne wissen, wie es passierte, wer es getan hatte und wie es dem Mann erging.

Als sie ein paar Meter über das feurige Gras gegangen waren, wurde ihnen klar, dass sie nicht allein waren. Rosamund Hunt und der exzentrische Mr. Moon, die sie beide zuletzt in der schwärzesten Stimmung der Distanziertheit gesehen hatten, standen zusammen auf dem Rasen. Sie standen auf eine ganz gewöhnliche Art und Weise und doch sahen sie irgendwie aus wie Menschen in einem Buch.

„Oh", sagte Diana, „was für eine schöne Luft!"

„Ich weiß", rief Rosamund mit einer so positiven Freude, dass es wie eine Beschwerde klang. „Es ist genau wie das schreckliche, scheußliche Kohlensäure-Zeug, das sie mir gegeben haben und das mich glücklich gemacht hat."

„Oh, es ist nichts anderes als sich selbst!" antwortete Diana und atmete tief durch. „Na ja, es ist alles kalt und doch fühlt es sich an wie Feuer."

„Balsam ist das Wort, das wir in der Fleet Street verwenden", sagte Mr. Moon. „Warmig – besonders auf dem Fladenbrot." Und er hat sich mit seinem Strohhut völlig unnötig Luft zugefächelt. Sie waren alle voller kleiner Sprünge und Pulsationen objektloser und luftiger Energie. Diana bewegte sich und streckte ihre langen Arme starr aus, als wäre sie gekreuzigt, in einer Art quälender Ruhe; Michael stand lange Zeit mit angespannten Muskeln still, dann drehte er sich wie ein Abstinenzler herum und blieb wieder stehen; Rosamund stolperte nicht, denn Frauen stolperten nie, außer wenn sie auf die Nase fielen, aber sie schlug mit dem Fuß auf dem Boden auf, während sie sich bewegte, als würde sie zu einer unhörbaren Tanzmelodie tanzen; und Inglewood, ganz ruhig an einen Baum gelehnt, hatte unbewusst einen Ast umklammert und ihn mit kreativer Heftigkeit geschüttelt. Diese riesigen Gesten des Menschen, die die hohen Statuen und die Kriegshiebe hervorbrachten, warfen und quälten alle ihre Gliedmaßen. Während sie schweigend schlenderten und standen , explodierten sie wie Batterien vor tierischer Anziehungskraft.

„Und jetzt", rief Moon ganz plötzlich und streckte nach beiden Seiten eine Hand aus, „lasst uns um den heißen Brei tanzen!"

„Warum, welchen Busch meinst du?" fragte Rosamund und sah sich mit einer Art strahlender Unhöflichkeit um.

„Der Busch, der nicht da ist", sagte Michael – „ der Maulbeerstrauch."

Sie hatten einander halb lachend und ganz rituell die Hände genommen; und bevor sie sich wieder trennen konnten, wirbelte Michael sie herum, wie ein Dämon die Welt um einen Kreisel dreht. Diana spürte, als der Kreis des Horizonts augenblicklich um sie herum flog, ein weites, luftiges Gefühl des Höhenrings jenseits von London und der Ecken, die sie als Kind erklommen hatte; Fast schien es ihr, als würde sie das Krächzen der Krähen in den alten Kiefern von Highgate hören oder die Glühwürmchen in den Wäldern von Box Hill sammeln und entzünden sehen.

Der Kreis brach – wie alle perfekten Kreise der Leichtigkeit brechen müssen – und schleuderte seinen Urheber Michael wie durch Zentrifugalkraft weit weg gegen die blauen Gitter des Tores. Als er dorthin schwankte, erhob er plötzlich einen Schrei nach dem anderen über einen neuen und ziemlich dramatischen Charakter.

„Warum, es ist Warner!" schrie er und wedelte mit den Armen. „Es ist der lustige alte Warner – mit einem neuen Seidenhut und dem alten Seidenschnurrbart!"

„Ist das Dr. Warner?" rief Rosamund und sprang in einem Anflug von Erinnerung, Belustigung und Kummer vorwärts. „Oh, es tut mir so leid! Oh, sag ihm bitte, dass alles in Ordnung ist!"

„Lasst uns die Hände fassen und es ihm sagen ", sagte Michael Moon. Denn tatsächlich war, während sie redeten, ein weiteres Kutschentaxi hinter das bereits wartende gerast , und Dr. Herbert Warner hatte sich vorsichtig auf dem Bürgersteig niedergelassen, indem er einen Begleiter im Taxi zurückließ.

Nun, wenn Sie ein angesehener Arzt sind und von einer Erbin beauftragt werden, zu einem Fall von gefährlicher Manie zu kommen, und wenn Sie durch den Garten zum Haus kommen, gesellen sich die Erbin und ihre Vermieterin sowie zwei der Herren zur Miete hinzu Hände und tanze in einem Ring um dich herum und rufe: „Es ist alles in Ordnung! es ist alles in

Ordnung!" Sie neigen dazu, nervös und sogar unzufrieden zu sein. Dr. Warner war ein ruhiger, aber kaum versöhnlicher Mensch. Die beiden Dinge sind keineswegs dasselbe; und selbst als Moon ihm erklärte, dass er, Warner, mit seinem hohen Hut und seiner großen, kräftigen Figur eine so klassische Figur sei, dass sie von einem Kreis lachender Mädchen an einem alten goldenen griechischen Meeresufer umtanzt werden sollte – selbst dann war er es schien den Sinn der allgemeinen Freude zu verfehlen.

„Inglewood!" rief Dr. Warner und starrte seinen ehemaligen Schüler an. „Sind Sie verrückt?"

Arthur errötete bis zu den Wurzeln seines braunen Haars, aber er antwortete leicht und leise: „Jetzt nicht. Die Wahrheit ist, Warner, ich habe gerade eine ziemlich wichtige medizinische Entdeckung gemacht – ganz in Ihrer Art."

"Wie meinst du das?" fragte der große Arzt steif: „ Welche Entdeckung?"

„Ich habe herausgefunden, dass Gesundheit wirklich ansteckend ist, genau wie Krankheit", antwortete Arthur.

"Ja; Die Vernunft ist ausgebrochen und breitet sich aus", sagte Michael und vollführte mit nachdenklicher Miene ein *Pas seul* . „Zwanzigtausend weitere Fälle wurden in die Krankenhäuser gebracht; Krankenschwestern waren Tag und Nacht beschäftigt."

Dr. Warner betrachtete Michaels ernstes Gesicht und seine sich leicht bewegenden Beine mit einem unfassbaren Staunen. „Und ist DAS, darf ich fragen", sagte er, „die Vernunft, die sich ausbreitet?"

„Sie müssen mir verzeihen, Dr. Warner", rief Rosamund Hunt herzlich. „Ich weiß, dass ich dich schlecht behandelt habe; aber tatsächlich war alles ein Fehler. Ich war furchtbar schlecht gelaunt, als ich nach dir schickte, aber jetzt kommt mir alles wie ein Traum vor – und – und Mr. Smith ist das süßeste, vernünftigste, entzückendste alte Ding, das es je gab, und er kann jeden heiraten, den er hat mag – außer mir."

„Ich sollte Mrs. Duke vorschlagen", sagte Michael.

Der Ernst von Dr. Warners Gesicht nahm zu. Er holte einen rosafarbenen Zettel aus der Tasche seiner Weste, während seine blassblauen Augen die ganze Zeit still auf Rosamunds Gesicht gerichtet waren. Er sprach mit einer nicht unverzeihlichen Frigidität.

„Wirklich, Miss Hunt", sagte er, „Sie sind noch nicht sehr beruhigend. Sie haben mir erst vor einer halben Stunde dieses Telegramm geschickt: „Kommen Sie sofort, wenn möglich, mit einem anderen Arzt." Der Mann – Innocent Smith – ist auf dem Gelände verrückt geworden und hat schreckliche Dinge getan. Wissen Sie etwas über ihn?' Ich ging sofort zu einem angesehenen Kollegen von mir, einem Arzt, der auch Privatdetektiv und Experte für kriminellen Wahnsinn ist; Er ist bei mir vorbeigekommen und wartet im Taxi. Jetzt erzählst du mir ruhig, dass dieser kriminelle Verrückte ein überaus nettes und vernünftiges altes Ding ist, mit Begleiterscheinungen, die mich zum Nachdenken über deine eigene Definition von geistiger Gesundheit veranlassen. Ich verstehe die Veränderung kaum."

„Oh, wie kann man eine Veränderung von Sonne und Mond und jedermanns Seele erklären?" rief Rosamund verzweifelt. „Muss ich gestehen, dass wir so krankhaft geworden waren, dass wir ihn für verrückt hielten, nur weil er heiraten wollte; und dass wir es nicht einmal wussten, nur weil wir selbst heiraten wollten? Wenn Sie so wollen, demütigen wir uns, Herr Doktor; wir sind zufrieden."

„Wo ist Mr. Smith?" fragte Warner aus Inglewood sehr scharf.

Arthur zuckte zusammen; Er hatte die zentrale Figur ihrer Farce völlig vergessen, die seit einer Stunde oder länger nicht mehr zu sehen war.

„Ich – ich glaube, er ist auf der anderen Seite des Hauses, beim Mülleimer", sagte er.

„Er ist vielleicht auf dem Weg nach Russland", sagte Warner, „aber er muss gefunden werden." Und er ging davon und verschwand um eine Ecke des Hauses bei den Sonnenblumen.

„Ich hoffe", sagte Rosamund, „er wird Mr. Smith nicht wirklich stören."

„Stören Sie sich bei den Gänseblümchen!" sagte Michael schnaubend. „Ein Mann kann nicht eingesperrt werden, weil er sich verliebt – zumindest hoffe ich das nicht."

"NEIN; Ich glaube, nicht einmal ein Arzt könnte aus ihm eine Krankheit machen. Er würde den Arzt abstoßen wie die Krankheit, nicht wahr? Ich glaube, es handelt sich um eine Art heiligen Brunnen. Ich glaube, dass Innocent Smith einfach unschuldig ist, und deshalb ist er so außergewöhnlich."

Es war Rosamund, die sprach und mit der Spitze ihres weißen Schuhs unruhig Kreise im Gras zeichnete.

„Ich denke", sagte Inglewood, „dass Smith überhaupt nicht außergewöhnlich ist." Er ist komisch, nur weil er so verblüffend alltäglich ist. Wissen Sie nicht, wie es ist, im Kreise der Familie mit Tanten und Onkeln zu sein, wenn ein Schuljunge in den Ferien nach Hause kommt? Die Tasche dort im Taxi ist nur ein Schulkorb. Dieser Baum hier im Garten ist genau die Sorte Baum, auf die jeder Schuljunge geklettert wäre. Ja, das ist es, was uns alle an ihm verfolgt hat, das, wofür wir nie ein Wort finden konnten. Ob er nun mein alter Schulkamerad ist oder nicht, er ist zumindest mein alter Schulkamerad. Er ist das endlose Brötchen fressende und Bälle werfende Tier, das wir alle waren."

„Das sind nur euch absurden Jungs", sagte Diana. „Ich glaube nicht, dass jemals ein Mädchen so albern war, und ich bin mir sicher, dass kein Mädchen jemals so glücklich war, außer –" und sie hielt inne.

„Ich werde Ihnen die Wahrheit über Innocent Smith sagen", sagte Michael Moon mit leiser Stimme. "DR. Warner hat sich vergeblich auf die Suche nach ihm gemacht. Er ist nicht da. Ist Ihnen nicht aufgefallen, dass wir ihn nie gesehen haben, seit wir uns gefunden haben? Er war ein astrales Baby, das von uns allen vieren geboren wurde; Er war nur unsere eigene Jugend, die zurückkam. Lange bevor der arme alte Warner aus seinem Taxi geklettert war, hatte sich das Ding, das wir Smith nannten, auf diesem Rasen in Tau und Licht aufgelöst. Noch ein oder zwei Mal können wir das Ding durch die Gnade Gottes spüren, aber den Mann werden wir nie sehen. In einem Frühlingsgarten werden wir vor dem Frühstück den Geruch namens Smith riechen. Im Knacken frischer Zweige in winzigen Feuern werden wir ein Geräusch namens Smith hören. Alles Unersättliche und Unschuldige in den Gräsern, die die Erde verschlingen wie Babys bei einem Brötchenfest, in den weißen Morgen, die den Himmel spalten, wie ein Junge weißes Tannenholz spaltet, können wir für einen Moment die Gegenwart einer ungestümen Reinheit spüren; aber seine Unschuld war der Unbewusstheit unbelebter Dinge zu nahe, um nicht bei einer bloßen Berührung in den milden Hecken und Himmeln zu verschwinden; Er-"

Hinter dem Haus wurde er von einem bombenartigen Knall unterbrochen. Fast im selben Moment sprang der Fremde aus dem Taxi und ließ es schaukelnd auf den Steinen der Straße liegen. Er umklammerte das blaue Geländer des Gartens und spähte eifrig darüber hinweg in die Richtung, aus der der Lärm kam. Er war ein kleiner, lockerer, aber wachsamer Mann, sehr dünn, mit einem Gesicht, das aus Fischgräten zu bestehen schien, und einem Seidenhut, der genauso starr und prächtig war wie der von Warner, aber rücksichtslos auf den Hinterkopf zurückgeschoben war.

"Mord!" schrie er mit hoher und weiblicher, aber sehr durchdringender Stimme. „Halten Sie den Mörder dort fest!"

Noch während er schrie, erschütterte ein zweiter Schuss die unteren Fenster des Hauses, und mit seinem Lärm flog Dr. Herbert Warner wie ein springendes Kaninchen um die Ecke. Doch bevor er die Gruppe erreicht hatte, waren sie von einer dritten Entladung betäubt worden, und sie sahen mit eigenen Augen zwei weiße Himmelsflecken, die durch den zweiten hohen Hut des unglücklichen Herbert gebohrt waren. Im nächsten Moment fiel der flüchtige Arzt über einen Blumentopf, ließ sich auf alle Viere fallen und starrte wie eine Kuh. Der Hut mit den beiden Schusslöchern rollte vor ihm über den Kiesweg, und Innocent Smith kam wie ein Eisenbahnzug um die Ecke. Er sah doppelt so groß aus wie er selbst – ein Riese in grüner

Kleidung, der große Revolver rauchte immer noch in seiner Hand, sein Gesicht war rosig und im Schatten, seine Augen leuchteten wie alle Sterne und sein gelbes Haar stand in alle Richtungen ab wie das von Struwelpeter .

Obwohl diese verblüffende Szene nur einen Augenblick in der Stille schwebte, hatte Inglewood Zeit, noch einmal zu spüren, was er empfunden hatte, als er die anderen Liebenden auf dem Rasen stehen sah – das Gefühl einer gewissen Schnitt- und Farbklarheit, die eher zu den Dingen der Kunst gehört als auf die Dinge der Erfahrung. Der zerbrochene Blumentopf mit seinen glühenden Geranien, die grüne Masse von Smith und die schwarze Masse von Warner, das mit blauen Stacheln versehene Geländer dahinter, umklammert von den gelben Geierklauen des Fremden und mit seinem langen Geierhals herübergeblickt, der Seidenhut auf dem Kies und die kleine Rauchwolke, die so unschuldig wie der Zug einer Zigarette über den Garten schwebte – all das schien unnatürlich deutlich und eindeutig zu sein. Sie existierten wie Symbole in einer Ekstase der Trennung. Tatsächlich wurde jedes Objekt immer besonderer und kostbarer, weil das Gesamtbild sich auflöste. Die Dinge sehen so hell aus, kurz bevor sie platzen.

Lange bevor seine Fantasien begonnen oder gar aufgehört hatten, war Arthur herübergetreten und hatte einen von Smiths Armen ergriffen. Gleichzeitig war der kleine Fremde die Stufen hinaufgelaufen und hatte die andere genommen. Smith brach in schallendes Gelächter aus und übergab bereitwillig seine Pistole. Moon richtete den Arzt auf und lehnte sich dann mürrisch an das Gartentor. Die Mädchen waren ruhig und wachsam, wie es gute Frauen meistens in Katastrophenmomenten sind, aber ihre Gesichter zeigten, dass auf die eine oder andere Weise ein Licht vom Himmel gefallen war. Als der Arzt selbst aufgestanden war, sammelte er Hut und Verstand, klopfte sich mit großer Abscheu den Staub ab und wandte sich kurz entschuldigend an sie. Er war wegen seiner jüngsten Panik sehr blass, aber er sprach mit vollkommener Selbstbeherrschung.

„Sie werden uns entschuldigen, meine Damen", sagte er; „Mein Freund und Herr Inglewood sind beide in vielerlei Hinsicht Wissenschaftler. Ich denke, es wäre besser, wenn wir alle Mr. Smith nach drinnen bringen und uns später mit Ihnen unterhalten."

Und unter der Bewachung der drei Naturphilosophen wurde der entwaffnete Smith taktvoll ins Haus geführt, immer noch brüllend vor Lachen.

Von Zeit zu Zeit war in den nächsten zwanzig Minuten sein fernes Jubelgebrüll wieder durch das halboffene Fenster zu hören; aber von den leisen Stimmen der Ärzte war kein Echo zu hören. Die Mädchen spazierten gemeinsam durch den Garten und rieben sich gegenseitig auf, so gut sie konnten; Michael Moon hing immer noch schwer am Tor. Irgendwann nach Ablauf dieser Zeit kam Dr. Warner mit einem weniger blassen, aber noch strengeren Gesicht aus dem Haus , und der kleine Mann mit dem Fischgrätengesicht trat ernst hinter ihm her. Und wenn das Gesicht von Warner im Sonnenlicht das eines hängenden Richters war, glich das Gesicht des kleinen Mannes dahinter eher einem Totenkopf.

„Miss Hunt", sagte Dr. Herbert Warner, „ich möchte Ihnen nur meinen herzlichen Dank und meine Bewunderung aussprechen. Durch Ihren prompten Mut und Ihre Weisheit, als Sie heute Abend telegrafisch nach uns geschickt haben, haben Sie es uns ermöglicht, einen der grausamsten und schrecklichsten Feinde der Menschheit zu fangen und aus seinem Unheil zu befreien – einen Verbrecher, dessen Glaubwürdigkeit und Mitleidlosigkeit noch nie zuvor miteinander verbunden waren im Fleisch."

Rosamund blickte mit weißem, ausdruckslosem Gesicht und blinzelnden Augen zu ihm herüber. "Wie meinst du das?" Sie fragte. „Sie meinen doch nicht Mr. Smith?"

„Er hat viele andere Namen gehabt", sagte der Arzt ernst, „und keinen, den er nicht hinter sich gelassen hätte, um verflucht zu werden. Dieser Mann, Miss Hunt, hat auf der ganzen Welt eine Spur von Blut und Tränen hinterlassen. Ob er sowohl verrückt als auch böse ist, versuchen wir im Interesse der Wissenschaft herauszufinden. Auf jeden Fall müssen wir ihn zunächst zu einem Richter bringen, und sei es auch nur auf dem Weg in eine Irrenanstalt. Aber die Irrenanstalt, in der er eingesperrt ist, muss mit Mauern an Mauern versiegelt und wie eine Festung mit Kanonen umgeben werden, sonst wird er erneut ausbrechen und Gemetzel und Dunkelheit auf der Erde anrichten."

Rosamund blickte die beiden Ärzte an, ihr Gesicht wurde immer blasser. Dann wanderten ihre Augen zu Michael, der am Tor lehnte; aber er lehnte sich weiterhin regungslos darauf und wandte sein Gesicht der dunkler werdenden Straße zu.

Kapitel V
Der allegorische praktische Joker

Der Kriminalspezialist, der mit Dr. Warner gekommen war, wirkte etwas weltgewandter und sogar adrett, als er gewirkt hatte, als er sich am Geländer festklammerte und seinen Hals in den Garten reckte. Er sah sogar verhältnismäßig jung aus, als er seinen Hut abnahm, mit seinem blonden Haar, das in der Mitte gescheitelt und auf beiden Seiten sorgfältig gelockt war, und mit lebhaften Bewegungen, besonders mit den Händen. Er trug ein elegantes Monokel, das mit einem breiten schwarzen Band um den Hals geschlungen war, und eine große Fliege, als hätte sich eine große amerikanische Motte auf ihn niedergelassen. Seine Kleidung und seine Gesten waren hell genug für die eines Jungen; Erst als man das Fischgrätengesicht betrachtete, sah man etwas Beißendes und Altes. Seine Manieren waren ausgezeichnet, wenn auch kaum Englisch, und er hatte zwei halbbewusste Tricks, durch die sich Leute, die ihn nur einmal trafen, an ihn erinnerten. Einer davon war der Trick, die Augen zu schließen, wenn er besonders höflich sein wollte; Die andere Möglichkeit bestand darin, seinen verbundenen Daumen und Zeigefinger in die Luft zu heben, als ob er eine Prise Schnupftabak halten würde, wenn er zögerte oder über einem Wort schwebte. Aber diejenigen, die länger in seiner Gesellschaft waren, neigten dazu, diese Kuriositäten im Strom seiner urigen und feierlichen Gespräche und wirklich einzigartigen Ansichten zu vergessen.

„Miss Hunt", sagte Dr. Warner, „das ist Dr. Cyrus Pym."

Dr. Cyrus Pym schloss während der Einleitung die Augen, als würde er bei einem Kinderspiel „fair spielen", und machte prompt eine kleine Verbeugung, die ihn irgendwie plötzlich als Bürger der Vereinigten Staaten erkennen ließ.

"DR. „Cyrus Pym", fuhr Warner fort (Dr. Pym schloss erneut die Augen), „ist vielleicht der erste kriminologische Experte Amerikas. Wir haben das große Glück, ihn in diesem außergewöhnlichen Fall konsultieren zu können —"

„Ich kann mir überhaupt nichts vorstellen", sagte Rosamund. „Wie kann der arme Mr. Smith Ihrer Meinung nach so schrecklich sein, wie er es ist?"

„Oder durch Ihr Telegramm", sagte Herbert Warner lächelnd.

„Oh, du verstehst es nicht", rief das Mädchen ungeduldig. „Er hat uns allen mehr geholfen , als in die Kirche zu gehen."

„Ich denke, ich kann es der jungen Dame erklären", sagte Dr. Cyrus Pym. „Dieser Kriminelle oder Wahnsinnige Smith ist ein wahres Genie des Bösen und hat seine eigene Methode, eine Methode des gewagtesten Einfallsreichtums. Überall ist er beliebt, denn als lärmendes Kind dringt er in jedes Haus ein. Die Leute werden misstrauisch gegenüber all den respektablen Verkleidungen eines Schurken; so benutzt er immer die Verkleidung des – was soll ich sagen – des Bohemiens, des tadellosen Bohemiens. Er reißt die Leute immer mit. Die Menschen sind an die Maske konventionellen guten Benehmens gewöhnt. Er steht auf exzentrische Gutmütigkeit. Von einem Don Juan erwartet man, dass er sich als feierlicher und solider spanischer Kaufmann verkleidet; Aber Sie sind nicht darauf vorbereitet, wenn er sich als Don Quijote verkleidet. Von einem Humbug erwartet man , dass er sich wie Sir Charles Grandison verhält; denn (bei allem Respekt, Miss Hunt, für die tiefe, tränenerweckende Zärtlichkeit von Samuel Richardson) Sir Charles Grandison hat sich so oft wie ein Humbug verhalten. Aber kein echter Vollblutbürger ist bereit für einen Schwindel, der sich nicht an Sir Charles Grandison, sondern an Sir Roger de Coverly orientiert. Miss Hunt, eine neue Inkognito-Kriminelle, versucht sich als guter, etwas geknackter Mann zu etablieren. Es war eine großartige Idee und ungewöhnlich erfolgreich; aber sein Erfolg macht es einfach mächtig grausam. Ich kann Dick Turpin verzeihen, wenn er sich als Dr. Busby ausgibt; Ich kann ihm nicht verzeihen, wenn er sich als Dr. Johnson ausgibt. Der Heilige mit der losen Fliese ist meiner Meinung nach etwas zu heilig, um parodiert zu werden."

„Aber woher wissen Sie", rief Rosamund verzweifelt, „dass Mr. Smith ein bekannter Krimineller ist?"

„Ich habe alle Dokumente zusammengestellt", sagte der Amerikaner, „als mein Freund Warner mich nach Erhalt Ihres Telegramms umgehauen hat. Es ist meine berufliche Aufgabe, diese Tatsachen zu kennen, Miss Hunt; Und an ihnen gibt es genauso wenig Zweifel wie an der Bradshaw unten im Depot. Dieser Mann ist bisher durch seine bewundernswerten Affekte der Kindheit oder des Wahnsinns dem Gesetz entgangen. Aber ich selbst als Spezialist habe privat beglaubigte Aufzeichnungen von etwa achtzehn oder zwanzig Verbrechen, die auf diese Weise versucht oder begangen wurden. Er kommt nach Bedarf in die Häuser und erfreut sich großer Beliebtheit. Er bringt die Dinge in Gang. Sie gehen; Wenn er weg ist, sind die Dinge weg. Vorbei, Miss Hunt, verschwunden, das Leben eines Mannes oder die Löffel eines Mannes, oder noch häufiger eine Frau. Ich versichere Ihnen, dass ich alle Memoranden habe."

„Ich habe sie gesehen", sagte Warner entschieden, „ich kann Ihnen versichern, dass das alles richtig ist."

„Der unmännlichste Aspekt ist meiner Meinung nach", fuhr der amerikanische Arzt fort, „diese ständige Täuschung unschuldiger Frauen durch eine wilde Vortäuschung der Unschuld." Aus fast jedem Haus, in dem dieser große, einfallsreiche Teufel war, hat er ein armes Mädchen mitgenommen; Manche sagen, er habe einen hypnotischen Blick für seine anderen queeren Gesichtszüge und sie würden wie Automaten funktionieren. Was aus all diesen armen Mädchen geworden ist, weiß niemand. Ermordet, wage ich zu behaupten; Denn außer diesem haben wir noch viele andere Fälle, in denen er seine Hand zum Mord beschlagnahmt hat, obwohl ihn keiner jemals vor Gericht gestellt hat. Jedenfalls können unsere modernsten Forschungsmethoden keine Spur von den elenden Frauen finden. Wenn ich an sie denke, bin ich wirklich berührt, Miss Hunt. Und ich habe im Moment wirklich nichts anderes zu sagen als das, was Dr. Warner gesagt hat."

„Ganz richtig", sagte Warner mit einem Lächeln, das wie aus Marmor geformt schien – „ dass wir Ihnen alle sehr für dieses Telegramm danken müssen."

Der kleine Yankee-Wissenschaftler hatte mit so offenkundiger Aufrichtigkeit gesprochen, dass man die Tricks seiner Stimme und seines Verhaltens vergaß – die gesenkten Augenlider, der ansteigende Tonfall und die Haltung von Finger und Daumen –, die zu anderen Zeiten ein wenig komisch wirkten. Es war nicht so sehr, dass er schlauer war als Warner; vielleicht war er nicht so klug, obwohl er berühmter war. Aber er hatte, was Warner nie hatte: eine frische und ungekünstelte Ernsthaftigkeit – die große amerikanische Tugend der Einfachheit. Rosamund runzelte die Stirn und blickte düster auf das immer dunkler werdende Haus, in dem sich das dunkle Wunderkind befand.

Es herrschte noch immer heller Tag; aber es hatte sich bereits von Gold zu Silber verändert und war dabei, von Silber zu Grau zu wechseln. Die langen, flaumigen Schatten der ein oder zwei Bäume im Garten verblassten immer mehr vor dem toten Hintergrund der Dämmerung. Im schärfsten und tiefsten Schatten, der den Eingang zum Haus durch die großen französischen Fenster bildete, konnte Rosamund einer eiligen Beratung zwischen Inglewood (der immer noch für den mysteriösen Gefangenen verantwortlich war) und Diana zusehen, die ihm zu Hilfe gekommen war ohne. Nach ein paar Minuten und Gesten gingen sie hinein und schlossen die Glastüren zum Garten; und der Garten schien noch grauer zu werden.

Der amerikanische Herr namens Pym schien sich umzudrehen und in die gleiche Richtung zu gehen; Aber bevor er anfing, sprach er mit Rosamund mit einem Hauch von arglosem Takt, der einen Großteil seiner kindlichen Eitelkeit wettmachte, und mit etwas von dieser spontanen Poesie, die es ihm, so pedantisch er auch war, schwer machte, ihn einen Pedanten zu nennen.

„Es tut mir sehr leid, Miss Hunt", sagte er; „Aber Dr. Warner und ich, als zwei qualifizierte FIED-Praktiker, sollten Mr. Smith besser in diesem Taxi mitnehmen, und je weniger darüber gesagt wird, desto besser. Machen Sie sich keine Sorgen, Miss Hunt. Sie müssen sich einfach vorstellen, dass wir eine Monstrosität wegnehmen, etwas, das überhaupt nicht sein sollte – so etwas wie einer dieser Götter in Ihrem Britannic Museum, nur Flügel und Bärte und Beine und Augen und so weiter keine Form. Das ist Smith, und Sie werden bald von ihm los sein.

Er hatte bereits einen Schritt auf das Haus zu gemacht und Warner wollte ihm gerade folgen, als die Glastüren erneut geöffnet wurden und Diana Duke mit mehr als ihrer üblichen Schnelligkeit über den Rasen kam. Ihr Gesicht zitterte vor Sorge und Aufregung, und ihre dunklen, ernsten Augen waren nur auf das andere Mädchen gerichtet.

„Rosamund", rief sie verzweifelt, „was soll ich mit ihr machen?"

"Mit ihr?" rief Fräulein Hunt mit einem heftigen Satz. „Oh Herr, er ist auch keine Frau, oder?"

„Nein, nein, nein", sagte Dr. Pym beruhigend, als wäre er fair. "Eine Frau? Nein, wirklich, so schlimm ist er nicht."

„Ich meine deine Freundin Mary Gray", erwiderte Diana ebenso scharf. „Was zum Teufel soll ich mit ihr machen?"

„Wie können wir ihr von Smith erzählen, meinen Sie?", antwortete Rosamund, deren Gesichtsausdruck zugleich trübe und sanfter wurde. „Ja, es wird ziemlich schmerzhaft sein."

„Aber ich habe es ihr gesagt ", explodierte Diana mit mehr als ihrer angeborenen Verzweiflung. „Ich habe es ihr gesagt, und es scheint ihr nichts auszumachen. Sie sagt immer noch, dass sie mit Smith in diesem Taxi wegfährt."

"Aber es ist unmöglich!" rief Rosamund. „Maria ist wirklich religiös. Sie-"

Sie blieb gerade noch rechtzeitig stehen, um zu bemerken, dass Mary Gray auf dem Rasen vergleichsweise nahe bei ihr war. Ihr ruhiger Begleiter war ganz leise in den Garten heruntergekommen, hatte sich aber für die Reise sehr elegant gekleidet. Sie trug einen hübschen, aber sehr alten blauen Tam-o'-Shanter auf dem Kopf und streifte einige ziemlich abgenutzte graue Handschuhe über ihre Hände. Dennoch passten die beiden Farbtöne hervorragend zu ihrem schweren kupferfarbenen Haar ; umso besser für den Hauch von Schäbigkeit: denn die Kleidung einer Frau steht ihr nie so gut wie dann, wenn sie ihr zufällig zu stehen scheint.

Aber in diesem Fall hatte die Frau eine noch einzigartigere und attraktivere Eigenschaft. In solch grauen Stunden, wenn die Sonne untergegangen ist und der Himmel bereits traurig ist, kommt es oft vor, dass eine einzige Reflexion aus einem bestimmten Winkel dazu führt, dass das letzte Licht zurückbleibt. Ein Stückchen Fenster, ein Stück Wasser, ein Stück Spiegel werden erfüllt sein von dem Feuer, das für den Rest der Erde verloren geht. Das malerische, fast dreieckige Gesicht von Mary Gray war wie ein dreieckiges Stück Spiegel, das noch immer die Pracht von Stunden zuvor widerspiegeln konnte. Obwohl Maria immer anmutig war, konnte sie nie zuvor mit Recht als schön bezeichnet werden; Und doch war ihr Glück inmitten all des Elends so schön, dass einem Mann der Atem stockte.

„O Diana", rief Rosamund mit leiserer Stimme und änderte ihren Satz; „Aber wie hast du es ihr gesagt?"

„Es ist ganz einfach, es ihr zu sagen ", antwortete Diana düster ; „Es macht überhaupt keinen Eindruck."

„Ich fürchte, ich habe alles warten lassen", sagte Mary Gray entschuldigend, „und jetzt müssen wir uns wirklich verabschieden. Innocent bringt mich zu seiner Tante drüben in Hampstead, und ich fürchte, sie geht früh zu Bett."

Ihre Worte waren recht beiläufig und praktisch, aber in ihren Augen lag eine Art schläfriges Licht, das verwirrender war als die Dunkelheit; Sie war wie jemand, der geistesabwesend spricht und den Blick auf einen weit entfernten Gegenstand richtet.

„Mary, Mary", rief Rosamund und brach fast zusammen, „es tut mir so leid, aber die Sache kann überhaupt nicht sein. Wir – wir haben alles über Mr. Smith herausgefunden."

"Alle?" wiederholte Mary mit leiser und seltsamer Stimme; „Warum, das muss furchtbar aufregend sein."

Einen Augenblick lang gab es kein Geräusch und keine Bewegung, außer dass der schweigende Michael Moon, der sich an das Tor lehnte, seinen Kopf hob, als ob er lauschen wollte. Als Rosamund sprachlos blieb, kam ihr Dr. Pym auf eindeutige Weise zu Hilfe.

„Erstens", sagte er, „versucht dieser Mann Smith ständig einen Mord." Der Direktor des Brakespeare College –"

„Ich weiß", sagte Mary mit einem vagen, aber strahlenden Lächeln. „Innocent hat es mir gesagt."

„Ich kann nicht sagen, was er dir erzählt hat ", antwortete Pym schnell, „aber ich fürchte sehr, dass es nicht wahr ist." Die schlichte Wahrheit ist, dass der Mann mit allen bekannten menschlichen Verbrechen befleckt ist. Ich versichere Ihnen, dass ich alle Dokumente habe. Ich habe Beweise dafür, dass er einen Einbruch begangen hat, unterzeichnet von einem höchst angesehenen englischen Geistlichen. Ich habe-"

„Oh, aber es waren zwei Pfarrer da", rief Maria mit einem gewissen sanften Eifer; „Das hat es so viel lustiger gemacht."

Die dunklen Glastüren des Hauses öffneten sich erneut, und Inglewood erschien für einen Moment und gab eine Art Zeichen. Der amerikanische Arzt verneigte sich, der englische nicht, aber beide machten sich beharrlich auf den Weg zum Haus. Niemand sonst bewegte sich, nicht einmal Michael, der am Tor hing; aber sein Hinterkopf und seine Schultern zeigten immer noch den unbeschreiblichen Hinweis, dass er jedem Wort zuhörte.

„Aber verstehst du das nicht, Mary", rief Rosamund verzweifelt; „Wissen Sie nicht, dass schon vor unseren Augen schreckliche Dinge passiert sind? Ich hätte gedacht, dass du oben die Revolverschüsse gehört hättest."

„Ja, ich habe die Schüsse gehört", sagte Mary fast fröhlich; „Aber ich war gerade mit dem Packen beschäftigt. Und Innocent hatte mir gesagt, er würde auf Dr. Warner schießen; Es hat sich also nicht gelohnt, herunterzukommen."

„Oh, ich verstehe nicht, was Sie meinen", rief Rosamund Hunt und stampfte auf, „aber Sie müssen und werden verstehen, was ich meine." Es ist mir egal, wie grausam ich es formuliere, wenn ich dich nur retten kann. Ich meine, dass Ihr Innocent Smith der schrecklichste Mann der Welt ist. Er hat auf viele andere Männer geschossen und ist mit vielen anderen Frauen in Taxis losgefahren. Und er scheint auch die Frauen getötet zu haben, denn niemand kann sie finden."

„Er ist manchmal wirklich ziemlich unartig", sagte Mary Gray und lachte leise, während sie ihre alten grauen Handschuhe zuknöpfte.

„Oh, das ist wirklich Mesmerismus oder so etwas", sagte Rosamund und brach in Tränen aus.

Im selben Moment erschienen die beiden schwarz gekleideten Ärzte mit ihrem großen grün gekleideten Gefangenen zwischen ihnen aus dem Haus. Er leistete keinen Widerstand, lachte aber immer noch benommen und dämlich. Arthur Inglewood folgte im Hintergrund, ein dunkles und rotes Arbeitszimmer in den letzten Schattierungen von Kummer und Scham. In diesem schwarzen, düsteren und schmerzlich realistischen Stil wurde der Ausgang von Beacon House von einem Mann geschaffen, dessen Eintritt einen Tag zuvor durch das fröhliche Springen über eine Mauer und das urkomische Klettern auf einen Baum bewirkt worden war. Niemand von den Gruppen im Garten bewegte sich außer Mary Gray, die ganz natürlich vortrat und rief: „Bist du bereit, Innocent?" Unser Taxi hat so lange gewartet."

„Meine Damen und Herren", sagte Dr. Warner entschieden, „ich muss darauf bestehen, diese Dame zu bitten, beiseite zu treten." Wir werden schon genug Probleme haben, wenn wir zu dritt in einem Taxi sitzen.

„Aber es IST unser Taxi", beharrte Mary. „Oben drauf ist Innocents gelbe Tasche."

„Gehen Sie zur Seite", wiederholte Warner grob. „Und Sie, Mr. Moon, seien Sie bitte so zuvorkommend, dass Sie sich einen Moment bewegen. Komm, komm! Je früher dieses hässliche Geschäft vorbei ist, desto besser – und wie können wir das Tor öffnen, wenn Sie sich weiterhin darauf stützen?"

Michael Moon blickte auf seinen langen, schlanken Zeigefinger und schien über dieses Argument nachzudenken und es noch einmal zu überdenken. „Ja“, sagte er schließlich; „Aber wie kann ich mich an dieses Tor lehnen, wenn du es immer wieder öffnest?“

„Oh, geh aus dem Weg!“ rief Warner fast gut gelaunt . „Sie können sich jederzeit an das Tor lehnen.“

„Nein“, sagte Moon nachdenklich. „Selten die Zeit und der Ort und das blaue Tor insgesamt; und es hängt alles davon ab, ob Sie aus einer alten Landfamilie stammen. Meine Vorfahren stützten sich auf Tore, bevor irgendjemand herausgefunden hatte, wie man sie öffnet.“

„Michael!“ schrie Arthur Inglewood in einer Art Qual, „wirst du aus dem Weg gehen?“

"Warum nicht; Ich glaube nicht“, sagte Michael nach einigem Nachdenken und drehte sich langsam um, so dass er der Gesellschaft entgegentrat, während er immer noch in träger Haltung den Weg einnahm.

„Hallo!“ rief er plötzlich; „Was machen Sie mit Mr. Smith?“

„Ich bringe ihn weg“, antwortete Warner knapp, „zur Untersuchung.“

"Immatrikulation?" fragte Mond fröhlich.

„Von einem Richter“, sagte der andere knapp.

„Und welcher andere Richter“, rief Michael mit erhobener Stimme, „wagt es, zu versuchen, was auf diesem freien Boden geschah, außer den alten und unabhängigen Herzögen von Beacon? Welches andere Gericht wagt es, gegen eines unserer Unternehmen vorzugehen , außer dem High Court of Beacon? Haben Sie vergessen, dass wir erst heute Nachmittag die Flagge der Unabhängigkeit hissten und uns von allen Nationen der Erde trennen?“

„Michael“, rief Rosamund händeringend, „wie kannst du da stehen und Unsinn reden? Du hast das Schreckliche doch selbst gesehen. Du warst dabei, als er verrückt wurde. Du hast dem Arzt geholfen, als er über den Blumentopf fiel.“

„Und der Oberste Gerichtshof von Beacon“, antwortete Moon hochmütig, „hat in allen Fällen besondere Befugnisse, wenn es um Wahnsinnige, Blumentöpfe und Ärzte geht, die in Gärten hinfallen.“ Es steht in unserer allerersten Urkunde von Eduard I.: „Si medicus. “ Quisquam in Horto Prostratus –‘ “

"Aus dem Weg!" schrie Warner mit plötzlicher Wut, „oder wir zwingen dich da raus.“

"Was!" rief Michael Moon mit einem Schrei von urkomischer Heftigkeit. „Soll ich sterben, um dieses heilige Palästinenser zu verteidigen ? Wirst du diese blauen Geländer mit meinem Blut rot anstreichen?“ und er ergriff einen der blauen Stacheln hinter sich. Wie Inglewood früher am Abend bemerkt hatte, war das Geländer an dieser Stelle locker und schief, und der bemalte Eisenstab und die Speerspitze lösten sich in Michaels Hand, als er sie schüttelte.

"Sehen!" rief er und schwang diesen zerbrochenen Speer in die Luft. „Die Lanzen rund um den Beacon Tower springen von ihren Plätzen, um ihn zu verteidigen." Ach, an solch einem Ort und in solch einer Stunde ist es eine schöne Sache, allein zu sterben!" Und mit einer Stimme wie eine Trommel rollte er die edlen Zeilen von Ronsard –

> „Ou pour l'honneur de Dieu, ou pour le droit de mon Prince,
> Navré , poitrine ouverte, au bord de mon Province."

„Sakes lebendig!" sagte der amerikanische Herr fast ehrfürchtig. Dann fügte er hinzu: „Sind hier zwei Verrückte?"

"NEIN; „Es sind fünf", donnerte Moon. „Smith und ich sind die einzigen vernünftigen Menschen, die noch übrig sind."

„Michael!" rief Rosamund; „Michael, was bedeutet das?"

„Das bedeutet Mist!" brüllte Michael und schleuderte seinen bemalten Speer zum anderen Ende des Gartens. „Das bedeutet, dass Ärzte und die Kriminologie ein Unfug sind und dass die Amerikaner ein Unmensch sind – viel mehr ein Unmensch als unser Court of Beacon. Das bedeutet, ihr Idioten, dass Innocent Smith nicht verrückter oder böser ist als der Vogel auf diesem Baum."

„Aber, mein lieber Moon", begann Inglewood in seiner bescheidenen Art, „diese Herren –"

„Auf das Wort zweier Ärzte", explodierte Moon erneut, ohne auf irgendjemanden zu hören, „halten Sie auf das Wort zweier Ärzte in einer privaten Hölle den Mund!" Und solche Ärzte! Oh, mein Hut! Schau sie dir an ! Schau sie dir einfach an ! Würden Sie auf Anraten von zwanzig Menschen ein Buch lesen, einen Hund kaufen oder in ein Hotel gehen? Meine Leute kamen aus Irland und waren Katholiken. Was würdest du sagen, wenn ich einen Mann aufgrund des Wortes zweier Priester als böse bezeichnen würde?"

„Aber es ist nicht nur ihr Wort, Michael", argumentierte Rosamund; „Sie haben auch Beweise."

„Hast du es dir angeschaut?" fragte Mond.

„Nein", sagte Rosamund mit einer Art leichter Überraschung; „Diese Herren sind dafür verantwortlich."

„Und von allem anderen, so scheint es mir", sagte Michael. „Nun, Sie hatten nicht einmal den Anstand, Mrs. Duke zu konsultieren."

„Oh, das hat keinen Zweck", sagte Diana leise zu Rosamund; „Tante kann nicht ,Bo!' sagen. zu einer Gans."

„Ich freue mich, das zu hören", antwortete Michael, „denn bei solch einer Gänseherde, zu der sie es sagen kann, könnte es sein, dass ihr dieser schreckliche Schimpf ständig auf den Lippen ist." Ich für meinen Teil weigere mich einfach, die Dinge in diesem leichten und luftigen Stil geschehen zu lassen. Ich appelliere an Mrs. Duke – es ist ihr Haus."

"Frau. Herzog?" wiederholte Inglewood zweifelnd.

„Ja, Mrs. Duke", sagte Michael bestimmt, „wird allgemein als Iron Duke bezeichnet."

„Wenn du Tante fragst", sagte Diana leise, „wird sie nur dafür antworten, dass sie überhaupt nichts getan hat. Ihre einzige Idee ist, die Dinge zu vertuschen oder die Dinge auf sich beruhen zu lassen. Das steht ihr einfach."

„Ja", antwortete Michael Moon; „Und zufälligerweise passt es einfach zu uns allen. Sie sind ungeduldig mit Ihren Ältesten, Miss Duke; Aber wenn Sie selbst so alt sind, werden Sie wissen, was Napoleon wusste – dass die Hälfte der Briefe eines Menschen von selbst beantwortet, wenn Sie nur von dem fleischlichen Verlangen absehen können, sie zu beantworten."

Er saß immer noch in derselben absurden Haltung da, den Ellbogen auf dem Gitter, aber seine Stimme hatte sich zum dritten Mal abrupt verändert; So wie es sich von gespielter Heldenhaftigkeit zu menschlicher Empörung gewandelt hatte, verwandelte es sich nun in die luftige Schärfe eines Anwalts, der gute Rechtsberatung erteilt.

„Es ist nicht nur deine Tante, die das geheim halten möchte, wenn sie kann", sagte er; „Wir alle wollen es geheim halten, wenn wir können. Schauen Sie sich die großen Fakten an – die großen Grundlagen des Falles. Ich glaube, dass diese wissenschaftlichen Herren einen höchst wissenschaftlichen Fehler gemacht haben. Ich glaube, Smith ist so tadellos wie eine Butterblume. Ich gebe zu, dass Butterblumen in Privathäusern nicht oft geladene Pistolen abfeuern; Ich gebe zu, dass es eine erklärungsbedürftige Sache gibt. Aber ich bin mir moralisch sicher, dass hinter all dem ein Fehler, ein Witz, eine Allegorie oder ein Zufall steckt. Nun, nehmen wir an, ich liege falsch. Wir haben ihn entwaffnet; wir sind fünf Männer, die ihn festhalten; er kann genauso gut später wie jetzt ins Gefängnis gehen. Aber nehmen wir an, dass es überhaupt eine Chance gibt, dass ich Recht habe. Hat hier irgendjemand ein Interesse daran, diese Wäsche öffentlich zu waschen?

„Komm, ich werde jeden von euch der Reihe nach behandeln. Nehmen Sie Smith einmal vor das Tor und Sie bringen ihn auf die Titelseite der Abendzeitungen. Ich weiß; Ich habe die Titelseite selbst geschrieben. Miss Duke, möchten Sie oder Ihre Tante eine Art Plakat über Ihrer Pension anbringen : „ Hier wurden Ärzte erschossen."? Nein, nein – Ärzte sind Müll, wie ich schon sagte; aber Sie wollen hier nicht den Schrott sehen. Arthur, nehmen Sie an, ich habe recht, oder nehmen Sie an, ich liege falsch. Smith ist wie ein alter Schulkamerad von Ihnen aufgetreten. Merken Sie sich meine Worte, wenn seine Schuld bewiesen wird, werden die Organe der öffentlichen Meinung sagen, dass Sie ihn vorgestellt haben. Wenn seine Unschuld bewiesen ist, werden sie sagen, dass Sie geholfen haben, ihn zu fesseln. Rosamund, meine Liebe, ob ich Recht oder Unrecht habe. Wenn seine Schuld bewiesen ist, werden sie sagen, dass Sie Ihren Begleiter mit ihm verlobt haben. Wenn seine Unschuld bewiesen wird, drucken sie das Telegramm. Ich kenne die Organe, verdammt noch mal."

Er hielt einen Augenblick inne; denn dieser schnelle Rationalismus machte ihn atemloser als seine theatralische oder seine wirkliche Denunziation. Aber er meinte es offensichtlich ernst, war positiv und klar; Das wurde dadurch bewiesen, dass er schnell vorankam, sobald er wieder zu Atem gekommen war.

„Dasselbe ist bei unseren medizinischen Freunden der Fall", rief er. Sie werden sagen, dass Dr. Warner eine Beschwerde hat. Ich stimme zu. Aber möchte er unbedingt von allen Journalisten, die *in Horto prostratus sind , fotografiert werden ?* Es war nicht seine Schuld, aber selbst für ihn war die Szene nicht sehr würdevoll. Er muss Gerechtigkeit haben; Aber will er nicht nur auf Knien, sondern auf Händen und Knien um Gerechtigkeit bitten? Will er auf allen Vieren vor den Gerichtshof treten? Ärzte dürfen keine Werbung machen; und ich bin mir sicher, dass kein Arzt so werben möchte. Und selbst für unseren amerikanischen Gast ist das Interesse dasselbe. Nehmen wir an, er verfügt über schlüssige Dokumente. Nehmen wir an, dass er wirklich lesenswerte Offenbarungen hat. Nun, bei einer juristischen Untersuchung (oder auch einer medizinischen Untersuchung) darf er sie zehn zu eins nicht lesen. Er wird alle zwei oder drei Minuten mit irgendeinem Wirrwarr alter Regeln ins Stolpern geraten. Heutzutage kann ein Mann in der Öffentlichkeit nicht mehr die Wahrheit sagen. Aber er kann es immer noch privat erzählen; er kann es in diesem Haus erkennen."

„Es ist völlig wahr", sagte Dr. Cyrus Pym, der die ganze Rede mit einer Ernsthaftigkeit zugehört hatte, die nur ein Amerikaner bei einer solchen Szene hätte bewahren können. „Es ist wahr, dass ich bei privaten Anfragen spürbar weniger behindert wurde ."

"DR. Pym!" rief Warner in einer Art plötzlicher Wut. "DR. Pym! Du wirst es nicht wirklich zugeben –"

„Smith mag verrückt sein", fuhr der melancholische Moon in einem Monolog fort, der so schwer wie ein Beil wirkte, „aber in dem, was er über die Hausordnung für jedes Haus sagte, war doch etwas dran. Ja, am Obersten Gerichtshof von Beacon gibt es letzten Endes etwas. Es ist wirklich wahr, dass Menschen oft eine Art innerstaatliches Recht bekommen, wo sie im

Moment nur rechtliches Unrecht bekommen können – oh, ich bin auch Anwalt, und das weiß ich auch. Es stimmt, dass es zu viel offizielle und indirekte Macht gibt. Oftmals ist das, was eine ganze Nation nicht regeln kann, genau das, was eine Familie regeln könnte. Zahlreiche junge Kriminelle wurden mit Geldstrafen belegt und ins Gefängnis geschickt, obwohl sie eigentlich hätten verprügelt und ins Bett geschickt werden sollen. Ich bin mir sicher, dass unzählige Männer ihr ganzes Leben in Hanwell verbracht haben, während sie nur eine Woche in Brighton verbringen wollten. In Smiths Vorstellung von innerstaatlicher Selbstverwaltung steckt etwas; und ich schlage vor, dass wir es in die Tat umsetzen. Sie haben den Gefangenen; Du hast die Dokumente. Kommen Sie, wir sind eine Gruppe freier, weißer, christlicher Menschen, wie sie vielleicht in einer Stadt belagert oder auf einer einsamen Insel versenkt werden. Lasst uns das selbst machen. Lasst uns dort in das Haus gehen und uns hinsetzen und mit unseren eigenen Augen und Ohren herausfinden, ob das wahr ist oder nicht; ob dieser Smith ein Mann oder ein Monster ist. Wenn wir so eine Kleinigkeit nicht tun können, welches Recht haben wir dann, die Stimmzettel anzukreuzen?"

Inglewood und Pym tauschten einen Blick; und Warner, der kein Dummkopf war, sah an diesem Blick, dass Moon an Boden gewann. Die Motive, die Arthur dazu brachten, an Kapitulation zu denken, unterschieden sich in der Tat stark von denen, die Dr. Cyrus Pym beeinflussten. Alle Instinkte von Arthur waren auf der Seite der Privatsphäre und der höflichen Regelung; Er war sehr englisch und ertrug oft Unrecht, anstatt es durch Szenen und ernsthafte Rhetorik wiedergutzumachen. Wie sein irischer Freund gleichzeitig den Possenreißer und den fahrenden Ritter zu spielen, wäre für ihn eine absolute Qual gewesen; aber selbst die halboffizielle Rolle, die er an diesem Nachmittag gespielt hatte, war sehr schmerzhaft. Er würde wahrscheinlich nicht zögern, wenn ihn jemand davon überzeugen könnte, dass es seine Pflicht sei, schlafende Hunde liegen zu lassen.

Andererseits gehörte Cyrus Pym einem Land an, in dem Dinge möglich sind, die den Engländern verrückt erscheinen. Es gibt tatsächlich Vorschriften und Autoritäten wie einen von Innocents Streichen oder eine von Michaels Satiren, die von ruhigen Polizisten gestützt und umtriebigen Geschäftsleuten auferlegt werden. Pym kannte ganze Staaten, die riesig und doch geheimnisvoll und phantasievoll waren; Jedes ist so groß wie eine Nation und doch so privat wie ein verlorenes Dorf und so unerwartet wie ein Apfelkuchenbett. Staaten, in denen kein Mann eine Zigarette haben darf, Staaten, in denen jeder Mann zehn Frauen haben darf, Staaten mit sehr strengem Verbot, sehr laxe Scheidungsstaaten – all diese großen lokalen Launen hatten Cyrus Pyms Geist auf kleine lokale Launen in einem kleineren Land vorbereitet. Er war von England unendlich weit entfernter als jeder Russe oder Italiener und völlig unfähig, die englischen Konventionen auch nur zu begreifen, und er konnte die soziale Unmöglichkeit des Court of

Beacon nicht erkennen. Diejenigen, die das Experiment miterlebt haben, sind fest davon überzeugt, dass Pym bis zum Schluss an diesen geisterhaften Hof geglaubt und ihn für eine britische Institution gehalten hat.

Auf die Synode zu, die so etwas stehengeblieben war, näherte sich durch den zunehmenden Dunst und die Dämmerung eine kleine, dunkle Gestalt, deren Gang offenbar auf der unvollkommenen Unterdrückung eines Negerzusammenbruchs beruhte. Etwas in der Vertrautheit und Unstimmigkeit dieses Wesens trieb Michael gleichzeitig zu noch herzlicheren Ausbrüchen einer gesunden und menschlichen Leichtfertigkeit.

„Na, hier ist der kleine Nosy Gould", rief er. „Ist der bloße Anblick von ihm nicht genug, um all deine morbiden Gedanken zu verbannen?"

„Wirklich", antwortete Dr. Warner, „ich verstehe wirklich nicht, welchen Einfluss Herr Gould auf die Frage haben soll; und ich fordere noch einmal _"

"Hallo! Was ist die Beerdigung, meine Herren?" fragte der Neuankömmling mit der Miene eines aufgeregten Schiedsrichters. „Doktor verlangt etwas? Das ist in einer Pension immer so, wissen Sie. Immer große Nachfrage. Kein Nachschub."

So behutsam und unparteiisch er konnte, bekräftigte Michael seinen Standpunkt und wies allgemein darauf hin, dass Smith sich bestimmter gefährlicher und zweifelhafter Taten schuldig gemacht habe und dass sogar der Vorwurf laut geworden sei, er sei verrückt.

„Natürlich ist er das", sagte Moses Gould gleichmütig; „Es braucht nicht den alten Olmes , um das zu sehen. „Das ungeschickte Gesicht von Olmes ", fügte er mit abstraktem Vergnügen hinzu, „zeigte einen Anflug von Enttäuschung, der detektivische Gould , Avin ' war vor mir da ."

„Wenn er verrückt ist", begann Inglewood.

„Nun", sagte Moses, „wenn in der ersten Nacht eine Bucht auf die Fliese fällt, ist im Allgemeinen eine Fliese locker."

„Sie haben noch nie Einwände erhoben", sagte Diana Duke ziemlich steif, „und im Allgemeinen sind Sie mit Ihren Beschwerden ziemlich frei."

„Ich mache ihm keine Komplimente", sagte Moses großmütig, „der arme Kerl ist arm genug; Du könntest mich hier im Garten festbinden und Lärm machen , um die Einbrecher zu belästigen."

„Moses", sagte Moon mit feierlicher Inbrunst , „du bist die Inkarnation des gesunden Menschenverstandes." Sie halten Mr. Innocent für verrückt. Lassen Sie mich Ihnen die Inkarnation der wissenschaftlichen Theorie vorstellen. Er hält auch Mr. Innocent für verrückt. – Doktor, das ist mein Freund Mr. Gould. – Moses, das ist der berühmte Dr. Pym." Der berühmte Dr. Cyrus Pym schloss die Augen und verneigte sich. Außerdem murmelte er mit leiser Stimme seinen nationalen Kriegsruf, der wie „Freut mich, Sie kennenzulernen" klang.

„Nun, ihr zwei Leute", sagte Michael fröhlich, „die beide meinen, unser armer Freund sei verrückt, werdet ruhig in das Haus da drüben gehen und ihm beweisen, dass er verrückt ist." Was könnte wirkungsvoller sein als die Kombination von wissenschaftlicher Theorie und gesundem Menschenverstand? Vereint stehst du; geteilt, du fällst. Ich werde nicht so unhöflich sein und behaupten, dass Dr. Pym keinen gesunden Menschenverstand hat; Ich beschränke mich auf die Aufzeichnung des chronologischen Zufalls, den er uns bisher nicht gezeigt hat. Ich nehme mir die Freiheit eines alten Freundes und behaupte, dass Moses keine wissenschaftliche Theorie hat. Doch gegen diese starke Koalition bin ich bereit, aufzutreten, bewaffnet mit nichts als einer Intuition – was typisch amerikanisch zu vermuten ist."

„Ausgezeichnet durch Mr. Goulds Hilfe", sagte Pym und öffnete plötzlich die Augen. „Ich gehe davon aus, dass er und ich zwar in der Primärdiagnose identisch sind, es aber dennoch etwas zwischen uns gibt, das man nicht als Meinungsverschiedenheit bezeichnen kann, etwas, das wir vielleicht als ..." Er legte die Spitzen von Daumen und Zeigefinger zusammen und spreizte die andere Er hielt seine Finger elegant in der Luft und schien darauf zu warten, dass jemand anderes ihm sagte, was er sagen sollte.

„ Fliegen fangen?" fragte der umgängliche Moses.

„Eine Divergenz", sagte Dr. Pym mit einem subtilen Seufzer der Erleichterung; „Eine Divergenz. Angenommen, der fragliche Mann ist geistesgestört, wäre er nicht unbedingt alles, was die Wissenschaft von einem mörderischen Wahnsinnigen verlangt ..."

„Ist Ihnen der Gedanke gekommen", bemerkte Moon, der wieder am Tor lehnte und sich nicht umdrehte, „dass er uns alle hier getötet hätte, während wir uns unterhielten, wenn er ein mörderischer Wahnsinniger gewesen wäre."

Etwas explodierte lautlos unter all ihren Gedanken, wie versiegeltes Dynamit in einigen vergessenen Kellern. Zum ersten Mal seit ein oder zwei Stunden erinnerten sie sich alle daran, dass das Monster, von dem sie sprachen, still zwischen ihnen stand. Sie hatten ihn wie eine Gartenstatue im Garten zurückgelassen; Es hätte ein Delphin sein können, der sich um seine Beine windete, oder eine Fontäne, die aus seinem Mund floss, so sehr sie auch auf Innocent Smith geachtet hatten. Er stand da, seinen blonden, zerzausten Haarschopf etwas nach vorn geschoben, sein frisch gefärbtes , eher kurzsichtiges Gesicht blickte geduldig ins Nichts Besondere, seine mächtigen Schultern waren hochgezogen und die Hände in den Hosentaschen. Soweit sie es erraten konnten, hatte er sich überhaupt nicht bewegt. Sein grüner Mantel könnte aus dem grünen Rasen herausgeschnitten worden sein, auf dem er stand. In seinem Schatten hatte Pym dargelegt und Rosamund protestiert, Michael hatte geschimpft und Moses hatte gewettert. Er war wie ein geschnitztes Ding geblieben; der Gott des Gartens. Auf einer seiner schweren Schultern hatte sich ein Spatz niedergelassen; und dann, nachdem er sein Federkostüm korrigiert hatte, war er davongeflogen.

„Warum", rief Michael mit schallendem Gelächter, „der Hof von Beacon hat geöffnet – und auch wieder geschlossen." Ihr wisst jetzt alle, dass ich recht habe. Ihr vergrabener gesunder Menschenverstand hat Ihnen gesagt, was mein vergrabener gesunder Menschenverstand mir gesagt hat. Smith hätte statt einer Pistole hundert Kanonen abfeuern können, und Sie wüssten immer noch, dass er harmlos war, so wie ich weiß, dass er harmlos ist. Zurück gehen wir alle zum Haus und räumen einen Raum für die Diskussion frei. Denn der Oberste Gerichtshof von Beacon, der bereits seine Entscheidung getroffen hat, ist gerade dabei, mit seiner Untersuchung zu beginnen."

„Nur ein Anfang !" rief der kleine Mr. Moses in einer außergewöhnlichen, desinteressierten Erregung, wie die eines Tieres während der Musik oder eines Gewitters. „Folgen Sie weiter zum , Igh Court of Eggs and Bacon; „ Habe einen Hering von der alten Firma! „Ist Lordship ein Kompliment an Herrn Gould für die , hohe professionelle Delikatesse', die er an den Tag gelegt hatte und die den besten Traditionen der Saloon Bar würdig war – und drei Scotch Hot, Miss! Oh, jagt mich, Mädels!"

Da die Mädchen keine Versuchung verrieten, ihn zu verfolgen, entfernte er sich in einer Art Watscheltanz voller purer Erregung; und hatte eine Runde durch den Garten gemacht, bevor er atemlos, aber immer noch strahlend wieder auftauchte. Moon hatte seinen Mann erkannt , als ihm klar wurde, dass niemand, der Moses Gould vorgestellt wurde, ernsthaft sein konnte, selbst wenn er ziemlich wütend war. Die Glastüren standen auf der Seite, die Mr. Moses Gould am nächsten war, offen; und da die Füße dieses festlichen Idioten offensichtlich in die gleiche Richtung gedreht waren, gingen alle anderen mit der Einstimmigkeit einer lärmenden Prozession in diese Richtung. Nur Diana Duke behielt die nötige Steifheit, um das auszusprechen, was in den letzten Stunden auf ihren wilden weiblichen Lippen brodelte. Unter dem Schatten der Tragödie hatte sie es als unsympathisch zurückgehalten. „In diesem Fall", sagte sie scharf, „können diese Taxis weggeschickt werden."

„Nun, Innocent muss seine Tasche haben, wissen Sie", sagte Mary mit einem Lächeln. „Ich wage zu behaupten, dass der Taxifahrer es für uns herunterholen würde."

„Ich hole die Tasche", sagte Smith und sprach zum ersten Mal seit Stunden; Seine Stimme klang fern und unhöflich wie die Stimme einer Statue.

Diejenigen, die so lange um seine Unbeweglichkeit herumgetanzt und gestritten hatten, waren von seiner Übereiltheit sprachlos. Mit einem Lauf und einem Sprung war er aus dem Garten auf die Straße; Mit einem Sprung und einem zitternden Tritt war er tatsächlich auf dem Dach des Fahrerhauses. Der Kutscher stand zufällig am Kopf des Pferdes und hatte gerade dessen leeren Nasenbeutel abgenommen. Einen Moment lang schien es Smith, als würde er in den Armen seiner Gladstone-Tasche auf der Ladefläche des Taxis herumrollen. Im nächsten Augenblick war er jedoch, wie durch königliches Glück, auf den Hochsitz hinter ihm gerollt und hatte das Pferd mit einem durchdringenden und entsetzlichen plötzlichen Schrei durch die Luft fliegen und davonjagen lassen.

Seine Vergänglichkeit war so heftig und schnell, dass dieses Mal alle anderen Menschen in Gartenstatuen verwandelt wurden. Da Mr. Moses Gould jedoch sowohl körperlich als auch moralisch für die Zwecke einer dauerhaften Skulptur schlecht geeignet war, erwachte er einige Zeit vor den anderen zum Leben und bemerkte, als er sich an Moon wandte, wie ein Mann, der mit einem Fremden in einem Omnibus gesprächig anfängt , „Fliesen locker, was? Das Taxi ist sowieso locker." Es folgte eine tödliche Stille; und dann sagte Dr. Warner mit einem höhnischen Grinsen wie eine Steinkeule :

„Das kommt vom Court of Beacon, Mr. Moon. Sie haben einen Wahnsinnigen auf die ganze Metropole losgelassen."

Beacon House stand, wie bereits erwähnt, am Ende einer langen, halbmondförmigen Reihe aneinandergereihter Häuser. Der kleine Garten, der es umschloss, lief in einer scharfen Spitze aus wie ein grüner Umhang, der in das Meer zweier Straßen hineingeschoben wurde. Smith und sein Taxi schossen eine Seite des Dreiecks hinauf, und die meisten, die darin standen, hatten sicherlich nie damit gerechnet, ihn wiederzusehen. Am Scheitelpunkt drehte er das Pferd jedoch abrupt um und fuhr mit gleicher Gewalt die andere Seite des Gartens hinauf, sichtbar für alle in der Gruppe. Mit einem gemeinsamen Impuls rannte die kleine Menge über den Rasen, als wollte sie ihn aufhalten, aber sie hatten bald Grund, sich zu ducken und zurückzuweichen. Als er zum zweiten Mal auf der Straße verschwand, ließ er den großen gelben Sack aus seiner Hand fliegen, so dass er mitten in den Garten fiel, die Gesellschaft wie eine Bombe zerstreute und beim dritten Mal beinahe Dr. Warners Hut beschädigte Zeit. Lange bevor sie sich gesammelt hatten, schoss das Taxi mit einem Schrei davon, der in ein Flüstern überging.

„Nun", sagte Michael Moon mit einem seltsamen Ton in seiner Stimme; „Ihr könnt doch genauso gut alle hineingehen. Wir haben mindestens zwei Relikte von Mr. Smith; seine Verlobte und sein Koffer."

„Warum willst du, dass wir hineingehen?" fragte Arthur Inglewood, dessen rote Stirn und sein raues braunes Haar seinen Höhepunkt erreicht zu haben schienen.

„Ich möchte, dass der Rest hineingeht", sagte Michael mit klarer Stimme, „denn ich möchte den ganzen Garten haben, in dem ich mit dir reden kann."

Es herrschte eine Atmosphäre irrationalen Zweifels; Es wurde wirklich kälter und ein Nachtwind hatte begonnen, die ein oder zwei Bäume in der Dämmerung zu bewegen. Dr. Warner sprach jedoch mit einer Stimme, die frei von Unentschlossenheit war.

„Ich weigere mich, auf einen solchen Vorschlag zu hören", sagte er; „Du hast diesen Schurken verloren, und ich muss ihn finden."

„Ich bitte Sie nicht, sich irgendwelche Vorschläge anzuhören", antwortete Moon ruhig; „Ich bitte dich nur, zuzuhören."

Er machte eine zum Schweigen bringende Handbewegung, und sofort war das Pfeifgeräusch, das in den dunklen Straßen auf der einen Seite des Hauses verloren gegangen war, aus einem ganz neuen Viertel auf der anderen Seite zu hören. Durch das nächtliche Straßenlabyrinth nahm der Lärm mit unglaublicher Geschwindigkeit zu, und im nächsten Moment waren die fliegenden Hufe und blinkenden Räder zu dem blauen Tor geschwungen, an dem sie ursprünglich gestanden hatten. Mr. Smith stieg geistesabwesend von seinem Platz herunter, und als er in den Garten zurückkehrte, verharrte er in der gleichen elefantenhaften Haltung wie zuvor.

"Komm rein! Komm rein!" rief Moon urkomisch, mit der Miene, als würde er eine Schar Katzen verscheuchen. „Komm, komm, beeil dich! Habe ich dir nicht gesagt, dass ich mit Inglewood reden möchte?"

Wie sie alle wirklich wieder ins Haus getrieben wurden, wäre im Nachhinein schwer zu sagen gewesen. Sie waren an einem Punkt angelangt, an dem sie von den Unstimmigkeiten erschöpft waren, so wie Menschen in einer Posse das Lachen nicht leiden können, und das lebhafte Anschwellen des Sturms zwischen den Bäumen schien eine letzte Geste der Dinge im Allgemeinen zu sein. Inglewood blieb hinter ihnen stehen und sagte mit einer gewissen freundschaftlichen Verzweiflung: „Ich sage, willst du wirklich mit mir sprechen?"

„Das tue ich", sagte Michael, „sehr gerne."

Wie üblich war es Nacht geworden, schneller, als die Dämmerung es zu versprechen schien. Während das menschliche Auge den Himmel noch als hellgrau empfand, bewies ein sehr großer und glänzender Mond, der plötzlich über einer Ansammlung von Dächern und Bäumen erschien, als

Kontrast, dass der Himmel tatsächlich bereits sehr dunkelgrau war. Eine Bewegung kahler Blätter über den Rasen, eine Bewegung zerrissener Wolken über den Himmel schien von demselben starken und doch mühsamen Wind getragen zu werden.

„Arthur", sagte Michael, „ich begann mit einer Intuition; aber jetzt bin ich mir sicher. Sie und ich werden Ihren Freund vor dem gesegneten Gericht von Beacon verteidigen und ihn auch von Verbrechen und Wahnsinn freisprechen. Hören Sie mir einfach zu, während ich Ihnen eine Weile predige." Sie gingen gemeinsam im dunkler werdenden Garten auf und ab, während Michael Moon weiterging.

„Kannst du", fragte Michael, „die Augen schließen und einige dieser seltsamen alten Hieroglyphen sehen, die sie in den alten heißen Ländern an weiße Wände geklebt haben? Wie steif sie waren in der Form und doch wie knallig in der Farbe . Stellen Sie sich ein Alphabet aus willkürlichen Figuren vor, die in Schwarz und Rot oder Weiß und Grün markiert sind und auf das eine alte semitische Gruppe von Nosy Goulds Vorfahren starrt, und versuchen Sie zu überlegen, warum die Leute es überhaupt aufgehängt haben."

Inglewoods erster Instinkt war der Gedanke, dass sein verwirrender Freund endlich wirklich den Verstand verloren hatte; Es schien eine so rücksichtslose Flucht der Irrelevanz von den Tropenwänden, die er sich vorstellen sollte, in den grauen, windgepeitschten und etwas kühlen Vorstadtgarten, in dem er tatsächlich umherstreifte, zu gehen. Wie er in dem einen glücklicher sein könnte, indem er sich das andere vorstellte, konnte er sich nicht vorstellen. Beides war (an sich) unangenehm.

„Warum wiederholen alle Rätsel", fuhr Moon abrupt fort, „auch wenn sie die Antworten vergessen haben? Rätsel sind leicht zu merken, weil sie schwer zu erraten sind. Auch diese steifen alten Symbole in Schwarz, Rot oder Grün waren leicht zu merken, weil sie schwer zu erraten waren. Ihre Farben waren schlicht. Ihre Formen waren schlicht. Bis auf die Bedeutung war alles klar."

Inglewood wollte gerade den Mund öffnen, um freundlich zu protestieren, aber Moon machte weiter, stürzte immer schneller im Garten auf und ab und rauchte immer schneller. „Tänze auch", sagte er; „Tänze waren nicht leichtfertig. Tänze waren schwerer zu verstehen als Inschriften und Texte. Die alten Tänze waren steif, zeremoniell, farbenfroh, aber still. Ist Ihnen an Smith etwas Merkwürdiges aufgefallen?"

Humor zusammenbrach , „habe ich sonst noch etwas bemerkt?"

„Ist Ihnen das an ihm aufgefallen", fragte Moon mit unerschütterlicher Beharrlichkeit, „dass er so viel getan und so wenig gesagt hat? Als er zum ersten Mal kam , redete er, aber auf eine keuchende, unregelmäßige Art und Weise, als wäre er es nicht gewohnt. Eigentlich tat er nur Taten – er malte rote Blumen auf schwarze Kleider oder warf gelbe Säcke ins Gras. Ich sage Ihnen, diese große grüne Figur ist bildlich – wie jede grüne Figur, die auf einer weißen Ostwand herumtollt."

„Mein lieber Michael", rief Inglewood mit zunehmender Verärgerung, die mit dem stärker werdenden Wind zunahm, „du wirst absurd phantasievoll."

„Ich denke an das, was gerade passiert ist", sagte Michael ruhig. „Der Mann hat stundenlang nicht gesprochen; und doch hat er die ganze Zeit gesprochen. Er feuerte drei Schüsse aus einer Sechserkanone ab und überließ sie uns dann, obwohl er uns in unseren Stiefeln hätte erschießen können. Wie könnte er sein Vertrauen in uns besser zum Ausdruck bringen? Er wollte von uns vor Gericht gestellt werden. Wie hätte er es besser zeigen können, als indem er ganz still stand und uns darüber diskutieren ließ? Er wollte zeigen, dass er bereitwillig dastand und fliehen konnte, wenn er wollte. Wie hätte er es besser zeigen können, als indem er mit dem Taxi flüchtete und wieder zurückkam? Innocent Smith ist kein Verrückter – er ist ein Ritualist. Er möchte sich ausdrücken, nicht mit seiner Zunge, sondern mit seinen Armen und Beinen – mit meinem Körper bete ich dich an , wie es in der Trauungsfeier heißt. Ich fange an, die alten Theaterstücke und Festspiele zu verstehen. Ich verstehe, warum die Stummen bei einer Beerdigung stumm waren. Ich verstehe, warum die Mummer Mama waren. Sie BEDEUTETEN etwas; und Smith bedeutet auch etwas. Alle anderen Witze müssen laut sein – wie zum Beispiel die Witze des kleinen Nosy Gould. Die einzigen stillen Witze sind die praktischen Witze. Der arme Smith ist, richtig betrachtet, ein allegorischer Scherzbold. Was er in diesem Haus wirklich getan hat, war so hektisch wie ein Kriegstanz, aber so still wie ein Bild."

„Ich nehme an, Sie meinen", sagte der andere zweifelnd, „dass wir herausfinden müssen, was all diese Verbrechen bedeuteten, als wären es so viele farbige Bilderrätsel." Aber selbst wenn man annimmt, dass sie etwas bedeuten – nun, Herr segne meine Seele! – "

Ganz selbstverständlich folgte er dem Garten, richtete seinen Blick auf den Mond, der inzwischen groß und leuchtend aufgegangen war, und hatte eine riesige, halbmenschliche Gestalt auf der Gartenmauer sitzen sehen. Seine Konturen hoben sich so scharf vom Mond ab, dass man beim ersten Aufblitzen kaum sicher sein konnte, dass es sich um einen Menschen handelte: Die hochgezogenen Schultern und das hervorstehende Haar erinnerten eher an eine riesige Katze. Es ähnelte einer Katze auch darin, dass es, als es zum ersten Mal erschreckt wurde, aufsprang und mit gelassener Aktivität über die Mauerkrone lief. Beim Laufen erinnerten seine schweren Schultern und sein kleiner, geneigter Kopf jedoch eher an einen Pavian. In dem Moment, in dem es in die Nähe eines Baumes kam, machte es einen affenähnlichen Satz und verlor sich in den Ästen. Der Sturm, der zu diesem Zeitpunkt jeden Strauch im Garten erschütterte, machte die Identifizierung noch schwieriger, da er die beweglichen Äste des Flüchtigen in den zahlreichen beweglichen Ästen des Baumes verschmolz.

"Wer ist da?" schrie Arthur. "Wer bist du? Bist du unschuldig?"

„Nicht ganz", antwortete eine dunkle Stimme zwischen den Blättern. „Ich habe dich einmal wegen eines Taschenmessers betrogen."

Der Wind im Garten hatte an Stärke gewonnen und warf den Baum hin und her, während der Mann mittendrin war, genau wie an dem fröhlichen und goldenen Nachmittag, als er zum ersten Mal angekommen war.

„Aber sind Sie Smith?" fragte Inglewood wie im Todeskampf.

„Beinahe", sagte die Stimme aus dem tosenden Baum.

„Aber Sie müssen ein paar richtige Namen haben", schrie Inglewood verzweifelt. „Du musst dich selbst so nennen."

„Nenne mich so etwas", donnerte die dunkle Stimme und schüttelte den Baum, so dass es schien, als würden alle zehntausend Blätter gleichzeitig sprechen. „Ich nenne mich Roland Oliver Isaiah Charlemagne Arthur Hildebrand Homer Danton Michaelangelo Shakespeare Brakespeare –"

„Aber, Manalive !" begann Inglewood verärgert.

"Das ist richtig! Stimmt!" kam mit einem Brüllen aus dem schaukelnden Baum; „Das ist mein richtiger Name." Und er brach einen Ast, und ein oder zwei Herbstblätter flatterten über den Mond.

TEIL II
: DIE ERKLÄRUNGEN VON INNOCENT SMITH

Kapitel I
Das Auge des Todes; oder die Mordanklage

Der Speisesaal der Herzöge war für den Court of Beacon mit einer gewissen spontanen Prunkhaftigkeit hergerichtet worden, die seine Gemütlichkeit irgendwie zu steigern schien . Der große Raum war sozusagen in kleine Räume unterteilt, deren Wände nur hüfthoch waren – die Art Trennung, die Kinder machen, wenn sie im Laden spielen. Dies hatten Moses Gould und Michael Moon (die beiden aktivsten Mitglieder dieser bemerkenswerten Untersuchung) mit den gewöhnlichen Möbeln des Ortes getan. An einem Ende des langen Mahagonitisches stand der einzige riesige Gartenstuhl, auf dem das alte, zerrissene Zelt oder der Regenschirm stand, den Smith selbst als Krönungsüberdachung vorgeschlagen hatte. In dieser Erektion konnte man die pummelige Gestalt von Mrs. Duke erkennen, mit Kissen und einem Gesichtsausdruck, der bereits den Schlaf zu drohen drohte. Am anderen Ende saß der Angeklagte Smith auf einer Art Anklagebank; denn er war sorgfältig mit einem Viereck aus hellen Schlafzimmerstühlen eingezäunt, von denen er jeden mit seinem großen Zeh aus dem Fenster hätte werfen können. Man hatte ihm Stifte und Papier zur Verfügung gestellt, aus denen er während der gesamten Veranstaltung zufrieden Papierboote, Papierpfeile und Papierpuppen bastelte. Er sprach nie und blickte nicht einmal auf, wirkte aber so bewusstlos wie ein Kind auf dem Boden eines leeren Kinderzimmers.

Auf einer Stuhlreihe hoch oben auf einem langen Sofa saßen die drei jungen Damen mit dem Rücken zum Fenster gelehnt, und Mary Gray in der Mitte; Es war etwas zwischen einer Jurytribüne und dem Stand der Königin der Schönheit bei einem Turnier. In der Mitte des langen Tisches hatte Moon eine niedrige Barriere aus acht gebundenen Bänden mit „Guten Worten" errichtet, um die moralische Mauer auszudrücken, die die Konfliktparteien trennte. Auf der rechten Seite saßen die beiden Anwälte der Anklage, Dr. Pym und Mr. Gould; hinter einer Barrikade aus Büchern und Dokumenten, hauptsächlich (im Fall von Dr. Pym) soliden Bänden der Kriminologie. Auf der anderen Seite wurden Moon und Inglewood zur Verteidigung ebenfalls mit Büchern und Papieren befestigt; aber da diese mehrere alte gelbe Bände von Ouida und Wilkie Collins enthielten, schien die Hand von Mr. Moon etwas nachlässig und umfassend vorgegangen zu sein. Was das Opfer und Staatsanwalt, Dr. Warner, betrifft, so wollte Moon zunächst, dass er vollständig hinter einer hohen Leinwand in der Ecke festgehalten wird, wobei er auf die Unhöflichkeit seines Erscheinens vor Gericht drängte, ihm aber insgeheim eine inoffizielle Erlaubnis zusicherte, über die Decke hinwegzuschauen jetzt und dann. Dr. Warner gelang es jedoch nicht, die Ritterlichkeit eines solchen Vorgehens zu entfalten, und nach einigen kleinen

Störungen und Diskussionen wurde ihm ein Platz auf der rechten Seite des Tisches in einer Reihe mit seinen Rechtsberatern zugewiesen.

Vor diesem fest etablierten Tribunal erhob sich Dr. Cyrus Pym, nachdem er mit der Hand durch die honigfarbenen Haare über beiden Ohren gefahren war, um den Fall zu öffnen . Seine Aussage war klar und sogar zurückhaltend, und die darin vorkommenden Bildfluchten erregten nur durch eine gewisse unbeschreibliche Abruptheit Aufmerksamkeit, was in den Blüten der amerikanischen Sprache nicht ungewöhnlich ist.

Er legte die Spitzen seiner zehn zarten Finger auf das Mahagoniholz, schloss die Augen und öffnete den Mund. „Die Zeit ist vorbei", sagte er, „in der Mord als moralische und individuelle Tat angesehen werden konnte, die vielleicht für den Mörder, vielleicht für die Ermordeten wichtig war." Die Wissenschaft hat zutiefst …" Hier hielt er inne und streckte seinen geballten Finger und Daumen in die Luft, als hielte er eine schwer fassbare Idee ganz fest am Schwanz, dann kniff er die Augen zusammen, sagte „geändert" und ließ es los –" hat unsere Sicht auf den Tod tiefgreifend verändert. In abergläubischen Zeiten galt es als katastrophales und sogar tragisches Ende des Lebens und war oft von Feierlichkeit umgeben. Es sind jedoch hellere Tage angebrochen, und wir betrachten den Tod jetzt als universell und unvermeidlich, als Teil dieses großen seelenerregenden und herzerhaltenden Durchschnitts, den wir der Einfachheit halber als die Ordnung der Natur bezeichnen. Auf die gleiche Weise betrachten wir Mord inzwischen als GESELLSCHAFTLICHES. Indem wir uns über die bloßen privaten Gefühle eines Mannes erheben, der gewaltsam seines Lebens beraubt wird, haben wir das Privileg, den Mord als ein mächtiges Ganzes zu betrachten, die reiche Rotation des Kosmos zu sehen, der wie er die goldenen Ernten und die goldbärtigen Erntearbeiter bringt , die Rückkehr der Mörder und Erschlagenen für immer."

Er schaute nach unten, etwas berührt von seiner eigenen Beredsamkeit, hustete leicht, hob vier seiner spitzen Finger mit den hervorragenden Manieren Bostons und fuhr fort: „Es gibt nur ein Ergebnis dieser glücklicheren und menschlicheren Einstellung, die den elenden Mann vor uns betrifft . ". Das hat ein Milwaukee-Arzt, unser großer Geheimnisratener Sonnenschein, in seinem großartigen Werk „The Destructive Type" ausführlich dargelegt. Wir verurteilen Smith nicht als Mörder, sondern als mörderischen Mann. Der Typus ist so beschaffen, dass sein Leben – ich könnte sagen, seine Gesundheit – im Töten liegt. Einige meinen, es handele sich nicht wirklich um eine Abweichung, sondern um ein neueres und sogar höheres Geschöpf. Mein lieber alter Freund Dr. Bulger, der Frettchen hielt –" (hier stieß Moon plötzlich ein lautes „Hurra!" aus, nahm aber so augenblicklich seinen tragischen Gesichtsausdruck wieder an, dass Mrs. Duke überall sonst nach dem Geräusch suchte); Dr. Pym fuhr etwas streng fort : „ Der aus Wissensgründen Frettchen hielt, war der Meinung, dass die Wildheit der Kreatur nicht nützlich, sondern absolut ein Selbstzweck sei.“ Wie auch immer dies bei Frettchen der Fall sein mag, beim Gefangenen ist es ganz sicher so. In seinen anderen Missetaten kann man die List des Wahnsinnigen erkennen; aber seine blutigen Taten haben fast die Einfachheit der Vernunft. Aber es ist der schreckliche Verstand der Sonne und der Elemente – ein grausamer, böser Verstand. Bleiben Sie so schnell wie die irisbedeckten Katarakte unseres jungfräulichen Westens, ebenso wie die Naturgewalt, die ihn zum Töten aussendet. Keine Umgebung, und sei sie noch so wissenschaftlich, hätte ihn mildern können. Platziere diesen Mann in der silbernen, stillen Reinheit des blassesten Klosters, und es wird eine Gewalttat mit dem Krummstab oder der Alb geschehen. Erziehen Sie ihn in einer glücklichen Kinderstube inmitten unserer tapferen angelsächsischen Kindheit, und er wird einen Weg finden, ihn mit dem Springseil oder sein Gehirn mit dem Ziegelstein zu erwürgen. Die Umstände mögen günstig sein, die Ausbildung mag bewundernswert sein, die Hoffnungen mögen groß sein, aber der enorme elementare Hunger von Innocent Smith nach Blut wird zu gegebener Zeit wie eine zeitlich gut abgestimmte Bombe platzen.“

Arthur Inglewood warf einen neugierigen Blick für einen Moment auf das riesige Wesen am Fußende des Tisches, das eine Papierfigur mit Dreispitz aufsetzte, und blickte dann wieder zu Dr. Pym, der in ruhigerem Ton schloss.

„Es bleibt uns nur noch“, sagte er, „tatsächliche Beweise für seine früheren Versuche vorzulegen.“ Aufgrund einer bereits mit dem Gericht und den Anführern der Verteidigung getroffenen Vereinbarung ist es uns gestattet, authentische Briefe von Zeugen zu diesen Szenen als Beweismittel beizulegen, deren Prüfung der Verteidigung freisteht. Aus mehreren Fällen solcher Verbrechen haben wir uns entschieden, einen auszuwählen – den offensichtlichsten und skandalösesten. Ich werde daher ohne weitere Verzögerung meinen Junior, Herrn Gould, auffordern, zwei Briefe vorzulesen – einen vom Sub-Warden und den anderen vom Portier des Brakespeare College an der Universität Cambridge.“

Gould sprang mit einem Ruck wie ein Springteufel auf, eine akademisch aussehende Arbeit in der Hand und ein Fieber der Wichtigkeit im Gesicht. Er begann mit einer lauten, hohen Cockney-Stimme, die so abrupt war wie ein Hahnenschrei :

„ Sir, – Hallo, ich bin der Unterdirektor des Brikespeare College in Cambridge –“

„Herr , erbarme dich unserer“, murmelte Moon und machte eine Rückwärtsbewegung, wie es Männer tun, wenn eine Waffe losgeht.

„Hallo, ich bin der Unterdirektor des Brikespeare College in Cambridge“, verkündete der kompromisslose Moses, „und ich kann die Beschreibung, die Sie über den unzufriedenen Smith gegeben haben, bestätigen. Es war nicht nur meine unglückliche Pflicht, viele der kleineren Gewalttaten seiner Studienzeit zu tadeln, sondern ich war tatsächlich Zeuge der letzten Ungerechtigkeit, die diese Zeit beendete. Zufällig kam ich unter dem Haus meines Freundes, des Aufsehers von Brikespeare , vorbei, das halb vom College getrennt steht und durch zwei oder drei sehr alte Bögen oder Stützen, wie Brücken, über einen kleinen Wasserstreifen, der mit dem Fluss verbunden ist, mit diesem verbunden ist . Zu meinem großen Erstaunen sah ich , wie mein ehrenwerter Freund in der Luft schwebte und sich an eines dieser Mauerstücke klammerte. Sein Aussehen und seine Haltung ließen darauf schließen, dass er unter den schlimmsten Befürchtungen litt. Nach kurzer Zeit hörte ich zwei sehr laute Schüsse und nahm deutlich den unglücklichen Studenten Smith wahr, der sich weit aus dem Fenster des Direktors lehnte und wiederholt mit einem Revolver auf den Direktor zielte. Als Smith mich sah, brach er in lautes Lachen aus (in dem sich Unverschämtheit mit Wahnsinn vermischte) und schien damit aufzuhören. Ich schickte den College-Träger nach einer Leiter, und es gelang ihm, den Direktor aus seiner schmerzhaften Position zu befreien. Smith wurde heruntergeschickt. Das Foto, das ich beifüge, stammt von der Gruppe der Preisträger des University Rifle Club und zeigt ihn so, wie er am College war . – Hallo, Ihr gehorsamer Diener, Amos Boulter.

„Der andere Brief", fuhr Gould triumphierend fort, „ist vom Pförtner und es wird nicht lange dauern, ihn zu lesen."

„Sehr geehrter Herr, es ist ganz wahr, dass ich der Pförtner des Brikespeare College bin und dass ich den Direktor niedergeholfen habe , als der junge Mann auf ihn schoss, wie Mr. Boulter in seinem Brief gesagt hat. Der junge Mann, der auf ihn schoss, war Mr. Smith, derselbe, der auf dem Foto zu sehen ist, das Mr. Boulter schickt. – Hochachtungsvoll, Samuel Barker."

Gould reichte Moon die beiden Briefe, der sie untersuchte. Abgesehen von den stimmlichen Abweichungen in Bezug auf hs und as war der Brief des Unteraufsehers genau so, wie Gould ihn wiedergegeben hatte; und sowohl das als auch der Brief des Pförtners waren eindeutig echt. Moon reichte sie Inglewood, der sie schweigend an Moses Gould zurückgab.

„Was diese erste Anklage wegen fortgesetzten versuchten Mordes betrifft", sagte Dr. Pym, als er zum letzten Mal aufstand, „das ist mein Fall."

Michael Moon trat mit einer deprimierten Miene zur Verteidigung auf , was den Sympathisanten des Gefangenen zunächst wenig Hoffnung gab. Er habe, sagte er, nicht vorgehabt, dem Arzt in die abstrakten Fragen zu folgen. „Ich weiß nicht genug, um ein Agnostiker zu sein", sagte er ziemlich müde, „und ich kann in solchen Kontroversen nur die bekannten und anerkannten Elemente beherrschen. Was Wissenschaft und Religion betrifft, so sind die bekannten und anerkannten Tatsachen klar genug. Alles, was die Pfarrer sagen, ist unbewiesen. Alles, was die Ärzte sagen, ist widerlegt. Das ist der einzige Unterschied zwischen Wissenschaft und Religion, den es jemals gab oder geben wird. Dennoch berühren mich diese neuen Entdeckungen irgendwie", sagte er und blickte traurig auf seine Stiefel. „Sie erinnern mich an eine liebe alte Großtante von mir, die sie in ihrer Jugend genossen hat. Es treibt mir Tränen in die Augen. Ich sehe den alten Eimer am Gartenzaun und die Reihe schimmernder Pappeln dahinter ..."

"Hallo! „Hier, halten Sie den Bus ein wenig an", rief Mr. Moses Gould und stand schweißgebadet auf. „Wir wollen der Verteidigung einen fairen Lauf ermöglichen – wie die Herren, wissen Sie; aber jeder Herr würde bei schimmernden Pappeln die Grenze ziehen."

„Nun, Schluss damit", sagte Moon gekränkt, „wenn Dr. Pym vielleicht einen alten Freund mit Frettchen hat, warum sollte ich dann nicht eine alte Tante mit Pappeln haben?"

„Ich bin sicher", sagte Mrs. Duke zügellos, mit fast einer zitternden Autorität, „Mr. Moon kann Tanten haben, die ihm gefallen."

„Warum, wenn ich sie mag", begann Moon, „ich – aber vielleicht ist sie, wie Sie sagen, kaum der Kern der Frage. Ich wiederhole, dass ich den abstrakten Spekulationen nicht folgen möchte. Denn tatsächlich ist meine Antwort an Dr. Pym einfach und äußerst konkret. Dr. Pym hat nur eine Seite der Psychologie des Mordes behandelt. Wenn es wahr ist, dass es eine Art von Mann gibt, der eine natürliche Neigung zum Morden hat, ist es dann nicht genauso wahr ? Ein Mann, der von Natur aus dazu neigt, ermordet zu werden? Ist es nicht zumindest eine gängige Hypothese, dass Dr. Warner ein solcher Mann ist? Ich spreche nicht ohne das Buch, ebenso wenig wie mein gelehrter Freund. Die ganze Angelegenheit wird in Dr. Moonenscheins monumentalem Werk „Der zerstörbare Doktor" mit Diagrammen dargelegt, die die verschiedenen Möglichkeiten zeigen, wie eine Person wie Dr. Warner in ihre Elemente aufgelöst werden kann. Angesichts dieser Tatsachen –"

„Hallo, halte den Bus an! Stoppen Sie den Bus!" rief Moses, sprang auf und ab und gestikulierte voller Aufregung. „Mein Schulleiter hat etwas zu sagen! Mein Schulleiter möchte ein bisschen reden . "

Dr. Pym war tatsächlich auf den Beinen und sah blass und ziemlich bösartig aus. „Ich habe mir eine strikte CON-Strafe auferlegt", sagte er nasal, „für Bücher, auf die sofort Bezug genommen werden kann." Ich habe Sonnenscheins „Destruktiver Typ" hier auf dem Tisch, falls die Verteidigung ihn sehen möchte. Wo ist diese wunderbare Arbeit über Zerstörbarkeit, von der Herr Moon spricht? Existiert es? Kann er es produzieren?"

„Produzieren Sie es!" rief der Ire voller Verachtung. „Ich werde es in einer Woche produzieren, wenn Sie für Tinte und Papier bezahlen."

„Hätte es viel Autorität haben?" fragte Pym und setzte sich.

„Oh, Autorität!" sagte Moon leichthin; „Das hängt von der Religion eines Mitmenschen ab."

Dr. Pym sprang wieder auf. „Unsere Autorität basiert auf einer Vielzahl präziser Details", sagte er. „Es handelt sich um einen Bereich, in dem Dinge gehandhabt und getestet werden können. Mein Gegner wird zumindest zugeben, dass der Tod eine Tatsache der Erfahrung ist."

„Nicht von mir", sagte Moon traurig und schüttelte den Kopf. „So etwas habe ich in meinem ganzen Leben noch nie erlebt."

„Na ja, wirklich", sagte Dr. Pym und setzte sich inmitten knisternder Papiere energisch hin.

„ Wir sehen also ", fuhr Moon mit derselben melancholischen Stimme fort, „dass ein Mann wie Dr. Warner aufgrund der mysteriösen Abläufe der Evolution zu solchen Angriffen verdammt ist." Der Angriff meines Klienten war, selbst wenn er stattfand, nicht einzigartig. Ich habe Briefe von mehr als einem Bekannten von Dr. Warner in meiner Hand, auf den dieser bemerkenswerte Mann die gleiche Wirkung ausgeübt hat. Dem Beispiel meiner gelehrten Freunde folgend, werde ich nur zwei davon lesen. Die erste stammt von einer ehrlichen und fleißigen Matrone, die abseits der Harrow Road lebt.

"Herr. Moon, Sir, – Ja, ich habe einen Suppentopf nach ihm geworfen. Was denn? Das war alles, was ich werfen musste, all die sanften Dinge, die pornographiert wurden , und wenn Ihr Docter Warner es nicht mag, wenn man ihm Sauerampfer nachwirft, lassen Sie ihn nicht seinen Hut im Gespräch mit einer respektablen Frau tragen und sagen Sie ihm, er solle Orf verlassen Lächeln Sie oder erzählen Sie uns den Witz. – Mit freundlichen Grüßen Hannah Miles.

„Der andere Brief stammt von einem angesehenen Arzt aus Dublin, mit dem Dr. Warner einst eine Konsultation führte. Er schreibt wie folgt:

„Sehr geehrter Herr, der Vorfall, auf den Sie sich beziehen, ist einer, den ich bedauere und den ich darüber hinaus nie erklären konnte. Mein eigener Zweig der Medizin ist nicht geistig; und ich wäre froh, die Sicht eines Geistesspezialisten auf meine einzigartige momentane und tatsächlich fast automatische Aktion zu haben. Zu sagen, dass ich „Dr. Warner an der Nase herumgeführt habe", ist jedoch in einer Hinsicht unzutreffend, die mir wichtig erscheint. Dass ich ihm auf die Nase geschlagen habe, muss ich freudig zugeben (ich muss nicht sagen, mit welchem Bedauern); aber das Ziehen scheint mir eine objektive Präzision zu implizieren, die ich mir nicht vorwerfen kann. Im Vergleich dazu war der Schlag eine äußere, augenblickliche und sogar natürliche Geste. – Glauben Sie mir, mit freundlichen Grüßen Burton Lestrange.

„Ich habe zahllose weitere Briefe erhalten", fuhr Moon fort, „alle zeugen von diesem weit verbreiteten Gefühl gegenüber meinem hervorragenden Freund; und ich denke daher, dass Dr. Pym diese Seite der Frage in seiner Umfrage hätte zulassen sollen. Wir befinden uns, wie Dr. Pym so wahr sagt, in der Gegenwart einer natürlichen Kraft. Ebenso wenig wie der Katarakt der Londoner Wasserwerke, ebenso wie die große Tendenz von Dr. Warner, von jemandem ermordet zu werden. Platzieren Sie diesen Mann in einer Quäkerversammlung als einen der friedlichsten Christen, und er wird sofort mit Schokoladenstückchen zu Tode geprügelt. Platziere ihn unter den Engeln des Neuen Jerusalem, und er wird mit Edelsteinen zu Tode gesteinigt. Die Umstände mögen schön und wundervoll sein, der Durchschnitt mag herzergreifend sein, der Erntehelfer mag einen goldenen Bart haben, der Arzt mag Geheimnisse erraten, der Katarakt mag einen Irissprung haben, der angelsächsische Säugling mag tapfere Augenbrauen haben, Aber gegen und über all diesen Wunderkindern wird die große, einfache Tendenz von Dr. Warner, sich ermorden zu lassen, ihren Weg weiter verfolgen, bis sie schließlich glücklich und siegreich Erfolg hat."

Er äußerte diese Schlussbemerkung mit dem Anschein starker Rührung. Aber noch stärkere Emotionen zeigten sich auf der anderen Seite des Tisches. Dr. Warner hatte seinen großen Körper ganz über die kleine Gestalt von Moses Gould gebeugt und sprach aufgeregt flüsternd mit Dr. Pym. Dieser Experte nickte sehr oft und stand schließlich mit aufrichtiger Strenge auf.

Verteidigung jeglichen Spielraum zu geben – wenn es eine Verteidigung gäbe …" Aber Mr. Moon scheint zu glauben, dass er hier ist, um Witze zu machen – sehr gute Witze, wage ich zu behaupten, aber überhaupt nicht dazu geeignet, seinem Mandanten zu helfen. Er macht Löcher in die Wissenschaft. Er macht Löcher in der sozialen Beliebtheit meines Klienten. Er macht Lücken in meinem literarischen Stil, der nicht seinem ausgeprägten europäischen Geschmack zu entsprechen scheint. Aber wie wirkt sich dieses Lochpicken auf das Problem aus? Dieser Smith hat zwei Löcher in den Hut meines Klienten gebohrt, und mit einem Zentimeter besserem Zielen hätte er auch zwei Löcher in seinen Kopf gebohrt. Alle Witze der Welt werden diese Lücken nicht schließen und der Verteidigung nichts nützen ."

Inglewood schaute etwas verlegen nach unten, als sei er erschüttert über die offensichtliche Gerechtigkeit, aber Moon blickte seinen Gegner immer noch verträumt an. "Die Verteidigung ?" Er sagte vage : „ Oh, damit habe ich noch nicht begonnen."

„Das hast du bestimmt nicht", sagte Pym herzlich, während er von seiner Seite Beifall murmelte, auf den die andere Seite nicht antworten konnte. „Vielleicht, wenn Sie eine Verteidigung haben , die von Anfang an zweifelhaft war …"

„Während du aufstehst", sagte Moon in der gleichen fast schläfrigen Art, „kann ich dir vielleicht eine Frage stellen."

"Eine Frage? Sicherlich", sagte Pym steif. „Es wurde eindeutig zwischen uns vereinbart, dass wir, da wir die Zeugen nicht ins Kreuzverhör nehmen konnten, uns stellvertretend gegenseitig ins Kreuzverhör nehmen könnten. Wir sind in der Lage, alle derartigen Anfragen einzuladen."

„Ich glaube, Sie haben gesagt", bemerkte Moon abwesend, „dass keiner der Schüsse des Gefangenen den Arzt wirklich getroffen hat."

„Für die Sache der Wissenschaft", rief der selbstgefällige Pym, „zum Glück nicht."

„Dennoch wurden sie aus wenigen Metern Entfernung abgefeuert."

"Ja; etwa vier Fuß."

„Und den Aufseher haben keine Schüsse getroffen, obwohl sie auch ziemlich nah an ihm abgefeuert wurden?" fragte Mond.

„Das ist so", sagte der Zeuge ernst.

„Ich glaube", sagte Moon und unterdrückte ein leichtes Gähnen, „dass Ihr Unterdirektor erwähnt hat, dass Smith einer der Rekordmänner der Universität für Schießereien war."

„Warum, was das angeht –", begann Pym nach einem Moment der Stille.

„Eine zweite Frage", fuhr Moon vergleichsweise knapp fort. „Sie sagten, es gäbe weitere Fälle, in denen die Angeklagten versuchten, Menschen zu töten. Warum haben Sie keine Beweise dafür?"

Der Amerikaner legte seine Fingerspitzen erneut auf den Tisch. „In diesen Fällen", sagte er präzise, „gab es keine Beweise von Außenstehenden wie im Fall Cambridge, sondern nur die Beweise der tatsächlichen Opfer."

„Warum haben Sie ihre Beweise nicht erhalten?"

„Im Fall der tatsächlichen Opfer", sagte Pym, „gab es einige Schwierigkeiten und Zurückhaltung, und ..."

„Meinen Sie damit", fragte Moon, „dass keines der tatsächlichen Opfer gegen den Gefangenen erscheinen würde?"

„Das wäre übertrieben", begann der andere.

„Eine dritte Frage", sagte Moon so scharf, dass alle zusammenzuckten. „Sie haben die Beweise des Unteraufsehers, der einige Schüsse gehört hat; Wo sind die Beweise für den Aufseher selbst, auf den geschossen wurde? Der Aufseher von Brakespeare lebt, ein wohlhabender Herr."

„Wir haben ihn um eine Stellungnahme gebeten", sagte Pym etwas nervös; „Aber es war so exzentrisch ausgedrückt, dass wir es aus Rücksicht auf einen alten Herrn unterdrückten, der sich in der Vergangenheit große Verdienste um die Wissenschaft erworben hat."

Moon beugte sich vor. „Sie meinen wohl", sagte er, „dass seine Aussage
für den Gefangenen günstig war ."

„Das könnte man so verstehen", antwortete der amerikanische Arzt;
„Aber eigentlich war es überhaupt schwer zu verstehen. Tatsächlich haben
wir es ihm zurückgeschickt."

„Sie haben also keine vom Aufseher von Brakespeare unterzeichnete
Erklärung mehr ."

"NEIN."

„Ich frage nur", sagte Michael leise, „weil wir es getan haben. Um meinen
Fall abzuschließen , werde ich meinen Junior, Herrn Inglewood, bitten, eine
Aussage über die wahre Geschichte vorzulesen – eine Aussage, die durch die
Unterschrift des Direktors selbst als wahr bestätigt wird."

Arthur Inglewood erhob sich mit mehreren Papieren in der Hand, und
obwohl er wie immer etwas kultiviert und zurückhaltend wirkte, waren die
Zuschauer überrascht, dass seine Anwesenheit im Großen und Ganzen
wirksamer und ausreichender war als die seines Anführers. Er war in
Wahrheit einer dieser bescheidenen Männer, die nicht sprechen können, bis
man ihnen sagt, dass sie sprechen sollen; und kann dann gut sprechen. Moon
war genau das Gegenteil. Seine eigenen Unverschämtheiten amüsierten ihn
privat, doch in der Öffentlichkeit brachten sie ihn leicht in Verlegenheit; Er
kam sich beim Sprechen wie ein Narr vor, während Inglewood sich nur
deshalb wie ein Narr vorkam, weil er nicht sprechen konnte. Sobald er etwas
zu sagen hatte, konnte er sprechen; und sobald er sprechen konnte, kam ihm
das Sprechen ganz natürlich vor. Nichts in diesem Universum erschien
Michael Moon ganz natürlich.

„Wie mein Kollege gerade erklärt hat", sagte Inglewood, „gibt es zwei
Rätsel oder Ungereimtheiten, auf die wir unsere Verteidigung stützen ." Das
erste ist eine schlichte physikalische Tatsache. Aus dem Eingeständnis aller
und aus den von der Anklage vorgelegten Beweisen geht klar hervor, dass
der Angeklagte als besonders guter Schütze gefeiert wurde. Doch in beiden
Fällen, in denen er sich darüber beklagte, schoss er aus einer Entfernung von
vier oder fünf Fuß und schoss vier oder fünf Mal auf ihn, ohne ihn ein
einziges Mal zu treffen. Das ist der erste überraschende Umstand, auf den
wir unsere Argumentation stützen. Der zweite Grund ist, wie mein Kollege
betont hat, die merkwürdige Tatsache, dass wir kein einziges Opfer dieser
angeblichen Verbrechen finden können, das für sich selbst sprechen könnte.
Untergebene sprechen für ihn. Träger steigen über Leitern zu ihm hinauf.
Aber er selbst schweigt. Meine Damen und Herren, ich schlage vor, an Ort
und Stelle sowohl das Rätsel der Schüsse als auch das Rätsel der Stille zu
erklären. Ich werde zunächst das Anschreiben lesen, in dem der wahre
Bericht über den Vorfall in Cambridge enthalten ist, und dann das

Dokument selbst. Wenn Sie beides gehört haben, besteht kein Zweifel an Ihrer Entscheidung. Das Anschreiben lautet wie folgt:

„Sehr geehrter Herr, das Folgende ist eine sehr genaue und sogar anschauliche Darstellung des Vorfalls, wie er sich tatsächlich am Brakespeare College ereignete. Wir, die Unterzeichner, sehen keinen besonderen Grund, warum wir es auf eine isolierte Urheberschaft verweisen sollten. Die Wahrheit ist, dass es sich um eine zusammengesetzte Produktion handelte; und wir hatten sogar einige Meinungsverschiedenheiten über die Adjektive. Aber jedes Wort davon ist wahr. – Wir sind, mit freundlichen Grüßen,

„Wilfred Emerson Eames,
„Direktor des Brakespeare College, Cambridge.“
„Unschuldiger Smith.

„Die beigefügte Erklärung“, fuhr Inglewood fort, „lautet wie folgt:

„Eine berühmte englische Universität liegt so abrupt am Fluss, dass sie sozusagen mit allerlei Brücken und Doppelhäusern gestützt und geflickt werden muss. Der Fluss teilt sich in mehrere kleine Bäche und Kanäle, so dass der Ort in ein oder zwei Ecken fast das Aussehen von Venedig hat. Dies war insbesondere in dem Fall der Fall, mit dem wir uns befassen, in dem ein paar Strebepfeiler oder luftige Steinrippen über einen Wasserstreifen ragten, um das Brakespeare College mit dem Haus des Aufsehers von Brakespeare zu verbinden .

„Das Land um diese Hochschulen herum ist flach; aber es scheint nicht flach zu sein, wenn man sich so inmitten der Colleges befindet. Denn in diesen flachen Mooren gibt es immer wandernde Seen und verweilende Wasserflüsse. Und diese verändern immer das, was ein Schema horizontaler Linien hätte sein können, in ein Schema vertikaler Linien. Wo Wasser ist, verdoppelt sich die Höhe hoher Gebäude, und ein britisches Backsteinhaus wird zu einem babylonischen Turm. In dieser leuchtenden, unerschütterlichen Oberfläche hängen die Häuser mit dem Kopf nach unten, genau bis zu ihrem höchsten oder niedrigsten Schornstein. Die korallenfarbene Wolke , die in diesem Abgrund zu sehen ist, befindet sich so tief unter der Welt, wie ihr Original darüber erscheint. Jedes Stück Wasser ist nicht nur ein Fenster, sondern ein Dachfenster. Die Erde spaltet sich unter den Füßen der Menschen in steile Luftperspektiven auf, in die ein Vogel ebenso leicht hineinfliegen könnte wie –“

Dr. Cyrus Pym erhob sich aus Protest. Die von ihm als Beweismittel vorgelegten Dokumente beschränkten sich auf kühle Tatsachenbehauptungen. Die Verteidigung hatte im Allgemeinen das unbestreitbare Recht, ihren Fall auf ihre eigene Weise vorzubringen, aber all diese Landschaftsgärtnerei schien ihm (Dr. Cyrus Pym) ihrer Aufgabe nicht gewachsen zu sein. „Kann mir der Anführer der Verteidigung sagen " , fragte er, „wie es sich möglicherweise auf diesen Fall auswirken kann, dass eine Wolke kornfarben war oder dass ein Vogel irgendwo geflügelt haben könnte?"

„Oh, ich weiß nicht", sagte Michael und richtete sich träge auf; „Sehen Sie, Sie wissen noch nicht, was unsere Verteidigung ist. Solange Sie das nicht wissen, kann alles relevant sein. „Angenommen", sagte er plötzlich, als wäre ihm eine Idee gekommen, „angenommen, wir wollten beweisen, dass der alte Aufseher farbenblind ist . Angenommen, er wurde von einem schwarzen Mann mit weißen Haaren erschossen, während er dachte, er würde von einem weißen Mann mit gelben Haaren erschossen! Es könnte von größter Bedeutung sein, herauszufinden, ob diese Wolke wirklich korallenfarben war . "

Er hielt mit einer Ernsthaftigkeit inne, die kaum allgemein geteilt wurde, und fuhr mit der gleichen Geläufigkeit fort: „Oder nehmen wir an, wir wollten behaupten, dass der Aufseher Selbstmord begangen hat – dass er Smith nur dazu gebracht hat, die Pistole zu halten, so wie Brutus' Sklave das Schwert hielt. Nun, es würde einen großen Unterschied machen, ob der Aufseher sich selbst im stillen Wasser sehen könnte. Stilles Wasser hat Hunderte von Selbstmorden verursacht: Man sieht sich selbst so sehr – nun ja, so sehr schlicht."

„Behaupten Sie vielleicht", fragte Pym mit strenger Ironie, „dass Ihr Mandant irgendein Vogel war – sagen wir, ein Flamingo?"

„Was die Tatsache betrifft, dass er ein Flamingo ist", sagte Moon mit plötzlicher Strenge, „behält sich mein Mandant seine Verteidigung vor ."

Da Mr. Moon nicht recht wusste, was er davon halten sollte, setzte er sich wieder auf seinen Platz, und Inglewood fuhr mit der Lektüre seines Dokuments fort:

„In einem solchen Land der Spiegel gibt es für einen Mystiker etwas Erfreuliches. Denn ein Mystiker ist jemand, der der Meinung ist, dass zwei Welten besser sind als eine. Im höchsten Sinne ist tatsächlich jeder Gedanke Reflexion.

„Das ist die wahre Wahrheit, wenn man sagt, dass zweite Gedanken am besten sind. Tiere haben keine Bedenken; Der Mensch allein ist in der Lage, seinen eigenen Gedanken doppelt zu sehen, so wie ein Trunkenbold einen Laternenpfahl sieht; Nur der Mensch ist in der Lage, seine eigenen Gedanken auf den Kopf zu stellen, so wie man ein Haus in einer Pfütze sieht. Diese Verdoppelung der Mentalität wie in einem Spiegel ist (wir wiederholen) das Innerste der menschlichen Philosophie. In der Aussage, dass zwei Köpfe besser sind als einer, liegt eine mystische, ja sogar ungeheuerliche Wahrheit. Aber sie sollten beide auf demselben Körper wachsen."

„Ich weiß, dass es zunächst ein wenig transzendent ist", unterbrach Inglewood und strahlte mit einer breiten Entschuldigung, „aber Sie sehen, dieses Dokument wurde in Zusammenarbeit von einem Don und einem ..." geschrieben.

„Säufer, was?" schlug Moses Gould vor und begann sich zu amüsieren.

„Ich glaube eher", fuhr Inglewood mit ruhiger und kritischer Miene fort, „dass dieser Teil vom Don geschrieben wurde." Ich warne das Gericht lediglich davor, dass die Aussage, obwohl sie zweifelsohne zutreffend ist, hier und da den Eindruck aufweist, dass sie von zwei Autoren stammt."

„In diesem Fall", sagte Dr. Pym, lehnte sich zurück und schnüffelte, „kann ich ihnen nicht zustimmen, dass zwei Köpfe besser sind als einer."

„Die Unterzeichner halten es für überflüssig, ein ähnliches Problem anzusprechen, das so oft in Ausschüssen zur Universitätsreform diskutiert wird: die Frage, ob Dozenten doppelt sehen, weil sie betrunken sind, oder ob sie betrunken werden, weil sie doppelt sehen. Es genügt ihnen (den Unterzeichnern), wenn sie in der Lage sind, ihr eigenes, besonderes und gewinnbringendes Thema zu verfolgen – nämlich Pfützen. Was (fragen sich die Unterzeichner) ist eine Pfütze? Eine Pfütze wiederholt sich unendlich und ist voller Licht; Dennoch ist eine Pfütze bei objektiver Betrachtung ein Stück schmutziges Wasser, das sehr dünn auf dem Schlamm verteilt ist. Die beiden großen historischen Universitäten Englands verfügen über all diese große, ebene und reflektierende Brillanz. Dennoch, oder besser gesagt: im Gegenteil, es sind Pfützen – Pfützen, Pfützen, Pfützen, Pfützen. Die Unterzeichner bitten Sie, eine Betonung zu entschuldigen, die untrennbar mit einer starken Überzeugung verbunden ist."

Inglewood ignorierte den etwas wilden Ausdruck auf den Gesichtern einiger Anwesender und fuhr mit höchster Fröhlichkeit fort:

„Das waren die Gedanken, die dem Studenten Smith nicht in den Sinn kamen, als er sich seinen Weg zwischen den Kanalstreifen und den glitzernden Regenrinnen bahnte, in die das Wasser hinter dem Brakespeare College floss . Wären ihm diese Gedanken in den Sinn gekommen, wäre er viel glücklicher gewesen, als er war. Leider wusste er nicht, dass seine Rätsel Pfützen waren. Er wusste nicht, dass der akademische Geist durch den einfachen Prozess der Oberflächlichkeit und des Stillstands die Unendlichkeit widerspiegelt und voller Licht ist. In seinem Fall hatte die implizierte Unendlichkeit daher etwas Feierliches und sogar Böses. Es war mitten in einer sternenklaren Nacht von verwirrender Helligkeit; Sterne waren sowohl oben als auch unten. Der mürrischen Fantasie des jungen Smith erschien der Himmel unten noch hohler als der Himmel darüber; Er hatte die schreckliche Vorstellung, dass er, wenn er die Sterne zählte, einen zu viel im Pool finden würde.

„Als er die kleinen Wege und Brücken überquerte, fühlte er sich, als würde er auf die schwarzen, schlanken Rippen eines kosmischen Eiffelturms treten. Denn für ihn und fast die gesamte gebildete Jugend dieser Epoche waren die Sterne grausame Dinge. Obwohl sie jede Nacht in der großen Kuppel leuchteten, waren sie ein riesiges und hässliches Geheimnis; sie deckten die Nacktheit der Natur auf; Sie gewährten einen flüchtigen Blick auf die eisernen Räder und Rollen hinter den Kulissen. Denn die jungen Männer dieser traurigen Zeit dachten, dass der Gott immer von der Maschine kommt. Sie wussten nicht, dass die Maschine in Wirklichkeit nur vom Gott kommt. Kurz gesagt, sie waren alle Pessimisten, und das Sternenlicht war für sie abscheulich – abscheulich, weil es wahr war. Ihr ganzes Universum war schwarz mit weißen Flecken.

„Smith blickte erleichtert von den glitzernden Teichen unten zum glitzernden Himmel und der großen schwarzen Masse des Colleges auf. Das einzige Licht außer den Sternen schimmerte durch einen pfauengrünen Vorhang im oberen Teil des Gebäudes und markierte den Ort, an dem Dr. Emerson Eames immer bis zum Morgen arbeitete und zu jeder Nachtzeit seine Freunde und Lieblingsschüler empfing . Tatsächlich war der melancholische Smith an seine Gemächer gebunden. Smith war in der ersten Hälfte des Vormittags bei Dr. Eames' Vortrag und in der zweiten Hälfte beim Pistolentraining und Fechten in einem Saloon gewesen. In der ersten Hälfte des Nachmittags hatte er wie verrückt nachgedacht und in der zweiten Hälfte müßig (und noch verrückter) nachgedacht. Er war zu einem Abendessen gegangen, wo er lautstark war, und dann zu einem Debattierklub, wo er völlig unerträglich war, und der melancholische Smith war immer noch melancholisch. Als er dann nach Hause zu seinen Ausgrabungen ging , erinnerte er sich an die Exzentrizität seines Freundes und Herrn, des Aufsehers von Brakespeare , und beschloss verzweifelt, in das Privathaus dieses Herrn einzudringen.

„Emerson Eames war in vielerlei Hinsicht ein Exzentriker, aber sein Thron in Philosophie und Metaphysik war von internationaler Bedeutung; Die Universität hätte es sich kaum leisten können, ihn zu verlieren, und außerdem muss ein Don seine schlechten Gewohnheiten nur lange genug beibehalten, um sie zu einem Teil der britischen Verfassung zu machen. Die schlechten Angewohnheiten von Emerson Eames bestanden darin, die ganze Nacht wach zu sitzen und ein Schüler von Schopenhauer zu sein. Persönlich war er ein schlanker, faulenzender Mann mit blondem Spitzbart, nicht viel älter als sein Schüler Smith, was die bloßen Jahre angeht, aber um Jahrhunderte älter in den beiden wesentlichen Aspekten, einen europäischen Ruf zu haben und ein Glatze.

„Ich bin zu dieser überirdischen Stunde gegen die Regeln gekommen‘, sagte Smith, der für das Auge nichts anderes war als ein sehr großer Mann, der versuchte, sich klein zu machen, ‚weil ich zu dem Schluss komme, dass die Existenz wirklich zu faul ist. Ich kenne alle Argumente der Denker, die anders denken – Bischöfe, Agnostiker und solche Leute . Und zu wissen, dass Sie die größte lebende Autorität in Bezug auf die pessimistischen Denker waren –“

„‚Alle Denker‘, sagte Eames, ‚sind pessimistische Denker.‘

„‚Nach einer kurzen Pause, nicht der ersten – denn dieses deprimierende Gespräch hatte sich über mehrere Stunden mit einem Wechsel von Zynismus und Schweigen hingezogen – fuhr der Aufseher mit seiner müden, brillanten Miene fort: ‚Es ist alles eine Frage falscher Berechnung.‘ Die Motte fliegt in die Kerze, weil sie nicht weiß, dass das Spiel die Kerze nicht wert ist. Die Wespe dringt in die Marmelade ein und versucht inbrünstig und hoffnungsvoll, die Marmelade in sich hineinzubekommen. Auf die gleiche Weise wollen die vulgären Menschen das Leben genießen, genauso wie sie Gin genießen wollen – weil sie zu dumm sind, um zu erkennen, dass sie einen zu hohen Preis dafür zahlen. Dass sie ihr Glück nie finden – dass sie nicht einmal wissen, wie sie danach suchen sollen – beweist die lähmende Unbeholfenheit und Hässlichkeit ihres Handelns. Ihre unharmonischen Farben sind Schmerzensschreie. Schauen Sie sich die Backsteinvillen hinter dem College auf dieser Seite des Flusses an. Es gibt eines mit gefleckten Jalousien; Schau es dir an! Geh einfach hin und schau es dir an!'

„‚Natürlich‘, fuhr er verträumt fort, ‚ein oder zwei Männer sehen die nüchterne Tatsache schon von Weitem – sie werden verrückt. Ist Ihnen aufgefallen, dass Wahnsinnige meist versuchen, entweder andere Dinge zu zerstören oder (wenn sie nachdenklich sind) sich selbst zu zerstören? Der Verrückte ist der Mann hinter den Kulissen, wie der Mann, der über die Kulisse eines Theaters wandert. Er hat nur die falsche Tür geöffnet und ist am richtigen Ort angekommen. Er sieht die Dinge im richtigen Winkel. Aber die gemeinsame Welt –“

„‚Oh, häng die gemeinsame Welt auf!' sagte der mürrische Smith und ließ in müßiger Verzweiflung seine Faust auf den Tisch fallen.

„‚Lassen Sie es uns zuerst in Verruf bringen‘, sagte der Professor ruhig, ‚und dann hängen wir es auf. Ein Welpe mit Hydrophobie würde wahrscheinlich ums Leben kämpfen, während wir ihn töten; aber wenn wir freundlich wären , würden wir es töten. Ein allwissender Gott würde uns also von unserem Schmerz befreien. Er würde uns totschlagen.'

„‚Warum schlägt er uns nicht tot?' fragte der Student geistesabwesend und steckte die Hände in die Taschen.

„‚Er ist selbst tot‘, sagte der Philosoph; „Da ist er wirklich beneidenswert.“

„'Für jeden , der denkt', fuhr Eames fort, 'sind die Freuden des Lebens, trivial und bald geschmacklos, Bestechungsgelder, um uns in eine Folterkammer zu bringen.' Wir alle sehen, dass für jeden denkenden Menschen das bloße Aussterben das... Was machst du?... Bist du verrückt?... Leg das Ding weg.'

"DR. Eames hatte seinen müden, aber immer noch gesprächigen Kopf über die Schulter gedreht und dabei ertappt, dass er in ein kleines, rundes, schwarzes Loch blickte, das von einem sechseckigen Stahlring umrandet war, auf dessen Spitze eine Art Spitze stand. Es fixierte ihn wie ein eisernes Auge. In diesen ewigen Augenblicken, in denen der Verstand betäubt ist, wusste er nicht einmal, was es war. Dann sah er dahinter den Lauf und den gespannten Hahn eines Revolvers und dahinter das gerötete und ziemlich schwere Gesicht von Smith, offenbar völlig unverändert oder sogar milder als zuvor.

„„Ich werde dir aus deinem Loch helfen, alter Mann‘, sagte Smith mit rauer Zärtlichkeit. „Ich werde den Welpen von seinen Schmerzen erlösen.“

„Emerson Eames zog sich zum Fenster zurück. „Willst du mich töten?“ er weinte.

„„Das würde ich nicht für jeden tun ‘, sagte Smith gerührt; „Aber du und ich scheinen heute Abend irgendwie so intim geworden zu sein.“ Ich kenne jetzt alle deine Probleme und das einzige Heilmittel, alter Junge.'

„„Lass das Ding weg‘, rief der Aufseher.

„„Es wird bald vorbei sein, wissen Sie‘, sagte Smith mit der Miene eines sympathischen Zahnarztes. Und als der Aufseher zum Fenster und zum Balkon rannte, folgte ihm sein Wohltäter mit festem Schritt und mitfühlender Miene.

„Beide Männer waren vielleicht überrascht, als sie sahen, dass das Grau und Weiß des frühen Tagesanbruchs bereits gekommen war. Einer von ihnen hatte jedoch Emotionen, die darauf ausgelegt waren, die Überraschung zu verschlucken. Das Brakespeare College war eines der wenigen, das echte Spuren gotischer Verzierung bewahrte, und direkt unter Dr regnet. Mit einem unbeholfenen und äußerst mutigen Sprung sprang Eames auf diese antike Brücke, die die einzig mögliche Fluchtmöglichkeit vor dem Wahnsinnigen darstellte. Er saß rittlings darauf, immer noch in seinem akademischen Gewand, ließ seine langen, dünnen Beine baumeln und dachte über weitere Fluchtmöglichkeiten nach. Das weiß werdende Tageslicht eröffnete sowohl unter als auch über ihm den Eindruck der vertikalen Unendlichkeit, den man bereits von den kleinen Seen rund um Brakespeare hatte . Als sie nach unten schauten und die Türme und Schornsteine in den Becken sahen, fühlten sie sich allein im Weltraum. Es kam ihnen vor, als würden sie vom Nordpol aus über den Rand blicken und den Südpol darunter sehen.

„"Hängt die Welt auf', sagten wir", bemerkte Smith, „und die Welt ist aufgehängt." „Er hat die Welt an nichts gehängt", heißt es in der Bibel. Magst du es, an nichts gehängt zu werden? Ich werde selbst an etwas gehängt. „Ich werde für dich schwingen ... Liebe, zarte alte Phrase", murmelte er; „Bis zu diesem Moment nie wahr." Ich werde für dich schwingen. Für dich, lieber Freund. Deinetwegen. Auf Ihren ausdrücklichen Wunsch.'

"'Helfen!' rief der Direktor des Brakespeare College; 'helfen!'

„'Der Welpe kämpft', sagte der Student mit einem mitleidigen Blick, 'der arme Welpe kämpft.' „Was für ein Glück, dass ich klüger und freundlicher bin als er", und er richtete seine Waffe genau so, dass sie den oberen Teil von Eames' kahlem Kopf verdeckte.

„'Smith', sagte der Philosoph mit einem plötzlichen Wechsel zu einer Art gespenstischer Klarheit, ‚ich werde verrückt.'

„'Und so betrachten Sie die Dinge aus dem richtigen Blickwinkel', bemerkte Smith und seufzte sanft. „Ah, aber Wahnsinn ist bestenfalls ein Linderungsmittel, eine Droge." „Die einzige Heilung ist eine Operation – eine Operation, die immer erfolgreich ist: der Tod."

„Während er sprach, ging die Sonne auf. Es schien, als würde es mit der Schnelligkeit eines Blitzkünstlers Farbe in alles bringen . Eine Flotte kleiner Wolken, die über den Himmel segelten, wechselte von Taubengrau zu Rosa. Überall in der kleinen akademischen Stadt nahmen die Dächer verschiedener Gebäude unterschiedliche Farbtöne an: Hier würde die Sonne die grüne Emaille einer Zinne hervorheben, dort die scharlachroten Fliesen einer Villa; hier das Kupferornament eines Kunstgeschäfts und dort die meerblauen Schieferplatten eines alten und steilen Kirchendachs. Alle diese farbigen Wappen schienen etwas seltsam Individuelles und Bedeutendes an sich zu haben, wie die Wappen berühmter Ritter, die bei einem Festumzug oder auf einem Schlachtfeld gezeigt werden: Sie alle fesselten den Blick, besonders den rollenden Blick von Emerson Eames, als er sich am Morgen umsah akzeptierte es als sein letztes. Durch einen schmalen Spalt zwischen einer Taverne aus schwarzem Holz und einem großen grauen College konnte er eine Uhr mit vergoldeten Zeigern sehen, die von der Sonne in Brand gesetzt wurde. Er starrte darauf wie hypnotisiert; und plötzlich begann die Uhr zu schlagen, als wäre es eine persönliche Antwort. Wie auf ein Signal riefen Uhr für Uhr: Alle Kirchen erwachten wie Hühner beim Hahnenschrei. In den Bäumen hinter dem College waren bereits die Vögel zu hören. Die Sonne ging auf und sammelte eine Pracht, die zu voll schien, als dass der tiefe Himmel sie hätte halten können, und das flache Wasser unter ihnen schien golden und randvoll und tief genug für den Durst der Götter. Gleich um die Ecke des Colleges und von seinem verrückten Platz aus sichtbar, waren die hellsten Flecken in dieser hellen Landschaft, die Villa mit den gefleckten

Jalousien, die er in dieser Nacht zu seinem Text gemacht hatte. Er fragte sich zum ersten Mal , welche Menschen darin lebten.

„Plötzlich rief er mit rein mürrischer Autorität, als hätte er einem Studenten zugerufen, er solle eine Tür schließen.

„Lass mich von diesem Ort verschwinden', rief er; „Ich kann es nicht ertragen."

„Ich bezweifle eher, dass es dich aushält', sagte Smith kritisch; „Aber bevor du dir das Genick brichst, oder ich dir das Gehirn ausblase, oder dich zurück in diesen Raum lasse (bei welchen komplexen Punkten ich unentschlossen bin), möchte ich, dass der metaphysische Punkt geklärt wird." Verstehe ich, dass Sie zurück ins Leben wollen?

„Ich würde alles geben, um es zurückzubekommen', antwortete der unglückliche Professor.

„Gib alles!' rief Smith; „Dann, vergiss deine Unverschämtheit, gib uns ein Lied!"

„Welches Lied meinst du?' forderte der verärgerte Eames; 'welches Lied?'

„Eine Hymne wäre meiner Meinung nach am passendsten', antwortete der andere ernst. „Ich lasse dich frei, wenn du mir die Worte nachsprichst –
"

> „Ich danke der Güte und der Gnade
> , die mich bei meiner Geburt gelächelt und mich an diesen
> seltsamen Ort gesetzt haben, ein glückliches englisches
> Kind.'

"DR. Nachdem Emerson Eames kurz nachgekommen war, forderte ihn sein Verfolger abrupt auf, seine Hände in die Luft zu strecken. Mr. Eames brachte dieses Vorgehen vage mit dem üblichen Verhalten von Banditen und Bushrangern in Verbindung und hielt sie hoch, sehr steif, aber ohne merkliche Überraschung. Ein Vogel, der sich auf seinem Steinsitz niederließ, beachtete ihn genauso wenig wie eine komische Statue.

„Sie sind jetzt im öffentlichen Gottesdienst beschäftigt', bemerkte Smith streng, ,und bevor ich mit Ihnen fertig bin, sollen Sie Gott für die Enten auf dem Teich danken.'

„Der gefeierte Pessimist brachte halbwegs deutlich zum Ausdruck, dass er bereit sei, Gott für die Enten auf dem Teich zu danken.

„Nicht zu vergessen die Drachen', sagte Smith streng. (Eames räumte den Drakes schwach ein.) „Vergessen Sie bitte nichts." Du sollst dem Himmel danken für Kirchen und Kapellen und Villen und vulgäre Menschen und Pfützen und Töpfe und Pfannen und Stöcke und Lumpen und Knochen und gefleckte Jalousien.'

„„Schon gut, schon gut‘, wiederholte das Opfer verzweifelt; „Stöcke und Lumpen und Knochen und Jalousien.“

„„Gefleckte Jalousien, glaube ich, haben wir gesagt‘, bemerkte Smith mit schurkischer Rücksichtslosigkeit und wedelte mit dem Pistolenlauf auf ihn wie mit einem langen metallischen Finger.

„„Gefleckte Jalousien‘, sagte Emerson Eames schwach.

„„Gerechter kann man es nicht sagen‘, gab der jüngere Mann zu, ‚und jetzt erzähle ich dir nur noch das zum Abschluss. Wenn du wirklich wärst, was du zu sein vorgibst, sehe ich nicht, dass es für eine Schnecke oder einen Seraph von Bedeutung wäre, wenn du dir deinen gottlosen, steifen Hals brichst und dir all dein sinnloses, teufelsanbetendes Gehirn rausschmeißt. Aber rein biografisch gesehen bist du ein sehr netter Kerl, der süchtig danach ist, faulen Unsinn zu reden, und ich liebe dich wie einen Bruder. Deshalb werde ich alle meine Patronen um deinen Kopf herum abfeuern, um dich nicht zu treffen (ich bin ein guter Schütze, das wird dich vielleicht freuen), und dann gehen wir hinein und frühstücken.“

„„Dann ließ er zwei Läufe in die Luft abfeuern, was der Professor mit einzigartiger Festigkeit aushielt, und sagte dann: ‚Aber feuern Sie nicht alle ab.‘

„„Warum nicht‘, fragte der andere fröhlich.

„„Behalte sie‘, fragte sein Begleiter, ‚für den nächsten Mann, den du triffst, der redet, während wir redeten.‘

„„In diesem Moment bemerkte Smith, als er nach unten blickte, apoplektisches Entsetzen im Gesicht des Unteraufsehers und hörte den raffinierten Schrei, mit dem er den Träger und die Leiter rief.

„„Dr. Eames brauchte etwas Zeit, um sich von der Leiter zu befreien, und etwas länger, um sich vom Unteraufseher zu befreien. Aber sobald er dies unauffällig tun konnte, gesellte er sich in der letzten außergewöhnlichen Szene wieder zu seinem Begleiter. Er war erstaunt, den riesigen Smith schwer geschüttelt vorzufinden, der mit seinem struppigen Kopf auf den Händen saß. Als er angesprochen wurde, hob er ein sehr blasses Gesicht.

„'Warum, was ist los?' fragte Eames, dessen eigene Nerven inzwischen verstummt waren wie die Morgenvögel.

„„Ich muss Sie um Nachsicht bitten‘, sagte Smith ziemlich gebrochen. „Ich muss Sie bitten, sich darüber im Klaren zu sein, dass ich gerade dem Tod entronnen bin.“

„„Sie konnten dem Tod entkommen?' wiederholte der Professor in nicht unverzeihlicher Verärgerung. „Na ja, von all der Frechheit –“

„'Oh, verstehst du nicht, verstehst du nicht?' rief der blasse junge Mann ungeduldig. „Ich musste es tun, Eames; Ich musste dir das Gegenteil beweisen oder sterben. Wenn ein Mann jung ist, hat er fast immer jemanden, von dem er glaubt, dass er das beste Zeichen des menschlichen Geistes ist – jemanden , der alles darüber weiß, falls es überhaupt jemand weiß.

„„Nun, das warst du für mich; Du hast mit Vollmacht gesprochen und nicht wie die Schriftgelehrten. Niemand könnte mich trösten, wenn DU sagen würdest, dass es keinen Trost gibt. Wenn Sie wirklich dachten, dass es nirgendwo etwas gibt, dann deshalb, weil Sie dort waren, um es zu sehen. Siehst du nicht, dass ich beweisen musste, dass du es nicht wirklich so meinst? – sonst würde ich mich im Kanal ertränken.'

„„Nun‘, sagte Eames zögernd, ‚ich denke, Sie verwirren vielleicht –‘

„'Oh, erzähl mir das nicht!' schrie Smith mit der plötzlichen Hellsichtigkeit seelischen Schmerzes; „Sagen Sie mir nicht, ich verwechsle Lebensfreude mit dem Willen zum Leben!" Das ist Deutsch, und Deutsch ist Hochniederländisch, und Hochniederländisch ist Doppelniederländisch. Das, was ich in deinen Augen leuchten sah, als du auf dieser Brücke baumelte, war Lebensfreude und nicht „der Wille zum Leben". Was Sie wussten, als Sie auf diesem verdammten Wasserspeier saßen, war, dass die Welt letztendlich ein wunderbarer und wunderschöner Ort ist; Ich weiß es, weil ich es im selben Moment wusste. Ich sah, wie die grauen Wolken rosa wurden, und die kleine vergoldete Uhr in der Ritze zwischen den Häusern. Es waren DIESE Dinge, die du zu verlassen gehasst hast, nicht das Leben, was auch immer das ist. Eames, wir waren zusammen am Rande des Todes; Willst du nicht zugeben, dass ich recht habe?'

„„Ja‘, sagte Eames sehr langsam, ‚ich denke, Sie haben Recht. Du sollst einen Ersten haben!'

„'Rechts!' rief Smith und sprang wiederbelebt auf. „Ich habe mit Auszeichnung bestanden , und nun lasst mich hingehen und mich darum kümmern, dass ich herabgeschickt werde."

„„Sie müssen nicht heruntergeschickt werden‘, sagte Eames mit der ruhigen Zuversicht von zwölf Jahren voller Intrigen. „Alles bei uns kommt vom Mann an der Spitze bis zu den Menschen um ihn herum: Ich bin der Mann an der Spitze, und ich werde den Menschen um mich herum die Wahrheit sagen."

„„Der massige Mr. Smith stand auf und ging entschlossen zum Fenster, aber er sprach mit der gleichen Entschlossenheit. „Ich muss herabgeschickt werden", sagte er, „und dem Volk darf nicht die Wahrheit gesagt werden."

„„Und warum nicht‘, fragte der andere.

„„Weil ich Ihrem Rat folgen will‘, antwortete der massige Jugendliche, ‚ich beabsichtige, die verbleibenden Impfungen für Menschen in dem beschämenden Zustand aufzubewahren, in dem Sie und ich letzte Nacht waren – ich wünschte, wir könnten uns sogar auf Trunkenheit berufen. Ich beabsichtige, diese Kugeln für Pessimisten aufzubewahren – Pillen für blasse Menschen. Und auf diese Weise möchte ich wie eine wunderbare Überraschung durch die Welt wandeln – so untätig schweben wie die Distelflanke und so still kommen wie der Sonnenaufgang; nicht mehr zu erwarten als der Blitz, nicht mehr in Erinnerung zu rufen als die sterbende Brise. Ich möchte nicht, dass die Leute mich für einen bekannten Scherz halten. Ich möchte, dass meine beiden Gaben jungfräulich und gewalttätig sind, der Tod und das Leben nach dem Tod. Ich werde dem modernen Menschen eine Pistole an den Kopf halten. Aber ich werde es nicht benutzen, um ihn zu töten, sondern nur, um ihn zum Leben zu erwecken. „Ich fange an, eine neue Bedeutung darin zu sehen, das Skelett beim Fest zu sein.“

„‚Man kann man kaum als Skelett bezeichnen‘, sagte Dr. Eames lächelnd.

„‚Das liegt daran, dass man so oft beim Fest dabei ist‘, antwortete der massige Jugendliche. „Kein Skelett kann seine Figur behalten, wenn er ständig auswärts isst.“ Aber das ist nicht ganz das, was ich meinte: Was ich meine, ist, dass ich eine Art flüchtigen Blick auf die Bedeutung des Todes und all das erhaschte – den Totenkopf mit gekreuzten Knochen, das Memento *mori* . Es soll uns nicht nur an ein zukünftiges Leben erinnern, sondern auch an ein gegenwärtiges Leben. Mit unserem schwachen Geist würden wir in der Ewigkeit alt werden, wenn wir nicht durch den Tod jung gehalten würden. Die Vorsehung muss uns die Unsterblichkeit in Stücke schneiden, so wie Krankenschwestern das Brot und die Butter in die Finger schneiden.‘

„‚Dann fügte er plötzlich mit einer Stimme von unnatürlicher Aktualität hinzu: ‚Aber ich weiß jetzt etwas, Eames.‘ Ich wusste es, als ich sah, wie die Wolken rosa wurden.‘

"'Wie meinst du das?' fragte Eames. 'Was wusstest du?'

„‚Ich wusste zum ersten Mal, dass Mord wirklich falsch ist.‘

„‚Er ergriff die Hand von Dr. Eames und tastete sich etwas unsicher zur Tür vor. Bevor er verschwunden war, hatte er noch hinzugefügt : „Aber es ist sehr gefährlich, wenn ein Mann auch nur für den Bruchteil einer Sekunde glaubt, er verstehe den Tod.“

"DR. Eames verharrte einige Stunden, nachdem sein verstorbener Angreifer gegangen war, in Ruhe und Grübelei. Dann stand er auf, nahm Hut und Regenschirm und machte einen flotten, rotatorischen Spaziergang. Allerdings stand er mehrmals vor der Villa mit den gefleckten Jalousien und betrachtete sie aufmerksam, den Kopf leicht auf die Seite geneigt. Manche hielten ihn für einen Wahnsinnigen, andere für einen Kaufabsichten. Er ist sich noch nicht sicher, ob die beiden Charaktere sehr unterschiedlich sein würden.

„Die obige Erzählung basiert auf einem Prinzip, das nach Meinung der Unterzeichner in der Briefkunst neu ist. Jeder der beiden Schauspieler wird so beschrieben, wie er dem anderen erschien. Die unterzeichnenden Personen garantieren jedoch absolut die Genauigkeit der Geschichte; Und wenn ihre Version der Sache in Frage gestellt wird, würden sie, die Unterzeichner, unbedingt wissen wollen, wer davon weiß, wenn sie es nicht wissen.

„Die Unterzeichner werden sich nun zum Biertrinken ins ,The Spotted Dog' begeben. Lebewohl.

„(Unterzeichnet) James Emerson Eames, „Direktor des Brakespeare College, Cambridge.“

„Unschuldiger Smith.“

Kapitel II
Die beiden Pfarrer; oder die Anklage wegen
Einbruchdiebstahls

Arthur Inglewood reichte das Dokument, das er gerade gelesen hatte, den Leitern der Anklage, die es mit zusammengesteckten Köpfen prüften. Sowohl der Jude als auch der Amerikaner waren sensibler und erregbarer Natur, und sie verrieten durch die Sprünge und Stöße des Schwarzkopfes und des Gelben, dass einer Leugnung des Dokuments nichts im Wege stand. Der Brief des Aufsehers war genauso authentisch wie der Brief des Unteraufsehers, unterschied sich jedoch bedauerlicherweise in Würde und gesellschaftlichem Umgangston.

„Es bedarf nur sehr weniger Worte", sagte Inglewood, „um unseren Fall in dieser Angelegenheit abzuschließen." Sicher ist jetzt klar, dass unser Mandant seine Pistole mit der exzentrischen, aber unschuldigen Absicht herumtrug, denjenigen, die er als Gotteslästerer betrachtete, einen heilsamen Schrecken einzujagen. In jedem Fall war der Schrecken so heilsam, dass das Opfer selbst davon ausgegangen ist, als sei er von einer neuen Geburt zurückgekehrt. Smith ist weit davon entfernt, ein Verrückter zu sein, er ist eher ein verrückter Arzt – er geht durch die Welt, um Rasereien zu heilen und sie nicht zu verbreiten. Das ist die Antwort auf die beiden unbeantwortbaren Fragen, die ich den Staatsanwälten gestellt habe. Aus diesem Grund wagten sie es nicht, eine Aussage von jemandem zu machen , der tatsächlich mit der Pistole konfrontiert worden war. Alle, die tatsächlich mit der Pistole konfrontiert waren, gaben zu, dass sie davon profitiert hatten. Aus diesem Grund traf Smith, obwohl er ein guter Schütze war, nie jemanden. Er hat nie jemanden geschlagen, weil er ein guter Schütze war. Sein Geist war ebenso frei von Mord wie seine Hände von Blut. Ich sage, das ist die einzig mögliche Erklärung dieser Tatsachen und aller anderen Tatsachen. Niemand kann das Verhalten des Aufsehers erklären, außer indem er seine Geschichte glaubt. Sogar Dr. Pym, der eine wahre Fabrik genialer Theorien ist, konnte keine andere Theorie finden, die diesen Fall abdeckt."

„Es gibt vielversprechende Perspektiven in der Hypnose und der dualen Persönlichkeit", sagte Dr. Cyrus Pym verträumt; „Die Wissenschaft der Kriminologie steckt noch in den Kinderschuhen und "

„Kindheit!" rief Moon und schwenkte seinen Rotstift in einer Geste der Erleuchtung in die Luft; „Warum, das erklärt es!"

„Ich wiederhole", fuhr Inglewood fort, „dass weder Dr.

Der kleine Yankee war mit einer Art Hahnenkampf-Gelassenheit aufgestanden. „Die Verteidigung ", sagte er, „verschweigt eine kühle, kolossale Tatsache. Sie sagen, wir produzieren keines der tatsächlichen Opfer. Wal, hier ist ein Opfer – Englands gefeierter und angeschlagener Warner. Ich denke, er ist ziemlich gut produziert. Und sie legen nahe, dass auf alle Verbrechen eine Versöhnung folgte. Wal, es gibt keine Fliegen auf Englands Warner; und er ist nicht sehr versöhnt.“

„Mein gelehrter Freund“, sagte Moon und stand mühsam auf, „muss bedenken, dass die Wissenschaft, Dr. Warner zu erschießen, noch in den Kinderschuhen steckt. Dr. Warner würde selbst dem müßigsten Auge als jemand erscheinen, der besonders schwer zu erschrecken ist, um die Herrlichkeit Gottes zu erkennen. Wir geben zu, dass unser Kunde in diesem einen Fall versagt hat und die Operation nicht erfolgreich war. Aber ich bin befugt, im Namen meines Mandanten einen Vorschlag für eine erneute Operation von Dr. Warner zu unterbreiten, sobald es ihm möglich ist und ohne weitere Gebühren.“

„Verdammt, Michael“, rief Gould, zum ersten Mal in seinem Leben ganz ernst, „du könntest uns vielleicht ein bisschen Ballverstand für einen Chinge geben .“

„Wovon hat Dr. Warner kurz vor dem ersten Schuss gesprochen?“ fragte Moon scharf.

„Die Kreatur“, sagte Dr. Warner hochnäsig, „fragte mich mit charakteristischer Vernunft, ob ich Geburtstag habe.“

„Und Sie haben mit charakteristischer Protzigkeit geantwortet“, rief Moon und streckte einen langen, schlanken Finger vor, so steif und fesselnd wie die Pistole von Smith, „dass Sie Ihren Geburtstag nicht gefeiert haben.“

„So etwas in der Art“, stimmte der Arzt zu.

„Dann“, fuhr Moon fort, „hat er dich gefragt, warum nicht, und du hast gesagt, es liege daran, dass du nicht siehst, dass die Geburt etwas ist, worüber du dich freuen kannst.“ Vereinbart? Gibt es nun jemanden , der daran zweifelt, dass unsere Geschichte wahr ist?“

Es herrschte eine kalte Stille im Raum; und Moon sagte: „Pax populi vox Dei; Es ist das Schweigen der Menschen, das die Stimme Gottes ist. Oder in Dr. Pyms zivilisierterer Sprache: Es liegt an ihm, die nächste Anklage zu erheben. Hierfür fordern wir einen Freispruch.“

Es war etwa eine Stunde später. Dr. Cyrus Pym war eine beispiellose Zeit lang mit geschlossenen Augen und Daumen und Finger in der Luft geblieben. Es schien fast so, als wäre er „so geschlagen“, wie die Krankenschwestern sagen; und in der tödlichen Stille fühlte sich Michael Moon gezwungen, die Spannung mit einer Bemerkung zu lindern. Seit etwa einer halben Stunde hatte der bedeutende Kriminologe erklärt, dass die Wissenschaft Straftaten gegen Eigentum genauso vertrete wie Straftaten gegen das Leben. „Die meisten Morde“, hatte er gesagt, „sind eine Variante der Mordwut, und ebenso sind die meisten Diebstähle eine Variante der Kleptomanie." Ich kann keinen Zweifel daran hegen, dass meine gelehrten Freunde auf der anderen Seite hinreichend verstehen, dass es sich dabei um einen Strafplan handeln muss, der toleranter und humaner ist als die grausamen Methoden der alten Gesetze. Sie werden zweifellos das Bewusstsein einer Kluft an den Tag legen, die so gewaltig klafft, so zum Nachdenken anregt, so …" Hier hielt er inne und erging sich in der zarten Geste, auf die er anspielte; und Michael konnte es nicht länger ertragen.

„Ja, ja", sagte er ungeduldig, „wir geben die Kluft zu. Die alten grausamen Gesetze beschuldigen einen Mann des Diebstahls und schicken ihn zu zehn Jahren Gefängnis. Der tolerante und humane Strafzettel wirft ihm nichts vor und schickt ihn für immer ins Gefängnis. Wir passieren den Abgrund."

Es war charakteristisch für den bedeutenden Pym, dass er in einer seiner Trancen verbaler Sorgfalt fortfuhr, ohne sich der Unterbrechung seines Gegners, sondern sogar seiner eigenen Pause bewusst zu sein.

„ So eine Bestandsverbesserung", fuhr Dr. Cyrus Pym fort, „so voller großer Hoffnungen für die Zukunft." Die Wissenschaft betrachtet daher abstrakt Diebe genauso wie Mörder. Sie betrachtet sie nicht als Sünder, die für eine willkürliche Zeit bestraft werden, sondern als Patienten, die festgehalten und gepflegt werden müssen" (seine ersten beiden Ziffern schlossen sich wieder, als er zögerte) – „kurz gesagt, für die erforderliche Zeit . " Aber es gibt etwas Besonderes in dem Fall, den wir hier untersuchen. Kleptomanie verbindet sich häufig mit sich selbst –"

„Ich bitte um Verzeihung", sagte Michael; „Ich habe gerade nicht gefragt, weil ich ehrlich gesagt wirklich dachte, dass Dr. Pym, obwohl er scheinbar senkrecht steht, seinen wohlverdienten Schlaf genießt, mit einer Prise geruchlosem und zartem Staub in seinen Fingern. Aber jetzt, wo sich die Dinge etwas mehr bewegen, gibt es etwas, das ich wirklich gerne wissen würde. Ich habe Dr. Pym natürlich mit einem Interesse an den Lippen gehangen, das man kaum als Verzückung bezeichnen könnte , aber ich war bisher nicht in der Lage, irgendeine Vermutung darüber anzustellen, was der Angeklagte im vorliegenden Fall gewesen sein soll und weg und erledigt."

„Wenn Mr. Moon Geduld hat", sagte Pym würdevoll, „wird er feststellen, dass dies genau der Punkt war, auf den meine Darlegung abzielte . " Ich sage, Kleptomanie zeigt sich als eine Art körperliche Anziehung zu bestimmten definierten Materialien; und es wurde (von keinem Geringeren als Harris) die Ansicht vertreten, dass dies die ultimative Erklärung für die strenge Spezialisierung und die sehr enge berufliche Einstellung der meisten Kriminellen ist. Man wird einen unwiderstehlichen physischen Drang zu Perlen-Ärmelknöpfen verspüren, während man über die elegantesten und berühmtesten Diamant-Ärmelknöpfe hinweggeht, die an den auffälligsten Stellen angebracht sind. Ein anderer wird seine Flucht mit nicht weniger als siebenundvierzig geknöpften Stiefeln behindern, während Stiefel mit elastischen Seiten ihn kalt und sogar sarkastisch zurücklassen. Die Spezialisierung des Kriminellen ist, ich wiederhole, eher ein Zeichen von Wahnsinn als von glänzenden Geschäftsgewohnheiten; Aber es gibt eine Art Raubtier, auf den sich dieses Prinzip auf den ersten Blick nur schwer anwenden lässt. Ich spreche von unserem Mitbürger, dem Einbrecher.

„Einige unserer mutigsten jungen Wahrheitssucher haben behauptet, dass der Blick eines Einbrechers jenseits der Gartenmauer kaum von einer Gabel erfasst und hypnotisiert werden könnte, die isoliert in einer verschlossenen Box unter dem Bett des Butlers liegt. In diesem Punkt haben sie der amerikanischen Wissenschaft den Fehdehandschuh hingeworfen. Sie erklären, dass Diamantverbindungen nicht an auffälligen Orten in den Treffpunkten der Unterschicht zurückgelassen werden, wie dies bei dem großen Testexperiment des Calypso College der Fall war. Wir hoffen, dass dieses Experiment hier eine Antwort auf diese junge Herausforderung darstellt und den Einbrecher noch einmal auf die Linie und Vereinigung mit seinen Mitkriminellen bringt.“

Moon, dessen Gesicht seit fünf Minuten jede Phase schwarzer Verwirrung durchgemacht hatte, hob plötzlich seine Hand und schlug in explosiver Erleuchtung auf den Tisch.

„Oh, ich verstehe!“ er weinte; „Du meinst, dass Smith ein Einbrecher ist.“

„Ich dachte, ich hätte es ganz klar genug ausgedrückt ‘, sagte Herr Pym und faltete die Augenlider hoch. Es war typisch für diesen auf den Kopf gestellten Privatprozess, dass all die beredten Extras, all die Rhetorik oder Abschweifungen auf beiden Seiten zur Verzweiflung führten und für die andere Seite unverständlich waren. Moon konnte sich mit der Feierlichkeit einer neuen Zivilisation nicht befassen. Pym konnte sich mit der Fröhlichkeit eines alten Wesens nicht auskennen.

„Alle Fälle, in denen Smith als Enteigner auftrat“, fuhr der amerikanische Arzt fort, „sind Fälle von Einbrüchen.“ Indem wir den gleichen Weg wie im vorherigen Fall verfolgen, wählen wir das unbestreitbare Beispiel aus den übrigen aus und nehmen die zutreffendsten, stichhaltigsten Beweise. Ich werde jetzt meinen Kollegen, Herrn Gould, bitten, einen Brief vorzulesen, den wir vom ernsthaften, unbefleckten Kanoniker von Durham, Canon Hawkins, erhalten haben.“

Mr. Moses Gould sprang mit gewohnter Eifer auf, um den Brief des ernsten und unbefleckten Hawkins zu lesen. Moses Gould konnte einen Bauernhofbrunnen nachahmen, Sir Henry Irving nicht so gut, Marie Lloyd bis zur Perfektion und die neuen Motorhupen auf eine Art und Weise, die ihn auf die Bühne großer Künstler brachte. Aber seine Nachahmung eines Kanonikers von Durham überzeugte nicht; Tatsächlich wurde der Sinn des Briefes durch die außergewöhnlichen Sprünge und Keuchen seiner

Aussprache so sehr verdunkelt, dass es vielleicht besser ist, ihn hier abzudrucken, so wie Moon ihn las, als er ihn wenig später über den Tisch reichte.

„Sehr geehrter Herr, ich kann kaum überrascht sein, dass der von Ihnen erwähnte Vorfall, so privat er auch war, durch unsere Allesfresser-Tagebücher an die bloße Bevölkerung gelangt ist; denn die Position, die ich seitdem erreicht habe, macht mich meiner Meinung nach zu einer öffentlichen Persönlichkeit, und dies war sicherlich der außergewöhnlichste Vorfall in einer nicht ereignislosen und vielleicht nicht unwichtigen Karriere. Ich bin keineswegs ohne Erfahrung in Szenen zivilen Aufruhrs. Ich habe in den alten Tagen der Primrose League in Herne Bay viele politische Krisen erlebt und habe, bevor ich mit der wilderen Gruppe gebrochen habe, viele Nächte in der Christlich-Sozialen Union verbracht. Aber diese andere Erfahrung war völlig unvorstellbar. Ich kann es nur als das Loslassen eines Ortes beschreiben, den ich als Geistlicher nicht erwähnen darf.

„Es geschah zu der Zeit, als ich für kurze Zeit Pfarrer in Hoxton war; und der andere Pfarrer, damals mein Kollege, überredete mich, an einer Versammlung teilzunehmen, die, wie er, ich muss sagen, profan beschrieb, dazu bestimmt war, das Reich Gottes zu fördern. Ich stellte im Gegenteil fest, dass es sich ausschließlich um Männer in Cordhosen und fettiger Kleidung handelte, deren Manieren grob und ihre Meinungen extrem waren.

„Über meinen betreffenden Kollegen möchte ich mit größtem Respekt und Freundlichkeit sprechen und werde daher wenig sagen. Niemand kann mehr als ich vom Übel der Politik auf der Kanzel überzeugt sein; und ich gebe meiner Gemeinde niemals Ratschläge zum Wählen, außer in Fällen, in denen ich der festen Überzeugung bin, dass sie wahrscheinlich eine falsche Wahl treffen werden. Aber obwohl ich überhaupt nicht auf politische oder soziale Probleme eingehen möchte, muss ich sagen, dass es den Charakter eines Verrats an einem Geistlichen hat, wenn er, selbst im Scherz, solch diskreditierte Patentrezepte zerstreuter Demagogen wie den Sozialismus oder den Radikalismus unterstützt heiliges Vertrauen. Es liegt mir fern, ein Wort gegen Reverend Raymond Percy, den fraglichen Kollegen, zu verlieren. Er war brillant, nehme ich an, und für manche schien er faszinierend; aber ein Geistlicher, der wie ein Sozialist redet, sein Haar wie ein Pianist trägt und sich wie ein Betrunkener benimmt, wird in seinem Beruf niemals aufsteigen oder auch nur die Bewunderung der Guten und Weisen erlangen. Es steht mir auch nicht zu, mein persönliches Urteil über das Aussehen der Menschen im Saal zu äußern. Doch ein Blick durch den Raum enthüllte Reihen erniedrigter und neidischer Gesichter –“

„Ich adoptiere“, sagte Moon explosionsartig, denn er wurde unruhig – „ ich adoptiere die Lieblingsfigur der Logik des ehrwürdigen Herrn. Darf ich sagen, dass er, auch wenn mir Folterungen keinen Funken über seinen Intellekt entlocken würden, ein verdammter alter Esel ist."

"Wirklich!" sagte Dr. Pym; „Ich protestiere."

„Du musst ruhig bleiben, Michael", sagte Inglewood; „Sie haben das Recht, ihre Geschichte zu lesen."

"Stuhl! Stuhl! Stuhl!" schrie Gould und wälzte sich ausgelassen in seinem eigenen herum; und Pym warf einen Moment lang einen Blick auf den Baldachin, der die gesamte Autorität des Hofes von Beacon verdeckte.

„Oh, wecken Sie die alte Dame nicht", sagte Moon und senkte launisch seine Stimme . "Ich entschuldige mich. Ich werde nicht noch einmal unterbrechen."

Bevor der kleine Wirbel der Unterbrechung zu Ende war, ging die Verlesung des Briefes des Geistlichen bereits weiter.

„Das Verfahren wurde mit einer Rede meines Kollegen eröffnet, zu der ich nichts sagen werde. Es war bedauerlich. Viele der Zuschauer waren Iren und zeigten die Schwäche dieses ungestümen Volkes. Wenn sie sich in Banden und Verschwörungen zusammengeschlossen haben, scheinen sie ihre liebenswerte Gutmütigkeit und die Bereitschaft, alles zu akzeptieren, was man ihnen sagt, völlig zu verlieren, was sie als Individuen auszeichnet."

Leicht erschrocken erhob sich Michael, verneigte sich feierlich und setzte sich wieder.

„Diese Personen haben während der Rede von Herrn Percy, wenn auch nicht geschwiegen, zumindest applaudiert. Mit Witzen über Miete und eine Reserve an Arbeitskräften erreichte er ihr Niveau . Beschlagnahmung, Enteignung, Schlichtung und solche Worte, mit denen ich meine Lippen nicht beschmutzen kann, kamen immer wieder vor. Einige Stunden später brach der Sturm los. Ich hatte schon seit einiger Zeit auf der Versammlung gesprochen und auf den Mangel an Sparsamkeit in der Arbeiterklasse, ihre unzureichende Anwesenheit beim Abendgottesdienst, ihre Vernachlässigung des Erntedankfestes und auf viele andere Dinge hingewiesen, die ihnen wesentlich helfen könnten, ihr Schicksal zu verbessern. Ich glaube, ungefähr zu dieser Zeit kam es zu einer außergewöhnlichen Unterbrechung. Ein riesiger, mächtiger Mann, der teilweise mit weißem Gips bedeckt war, erhob sich in der Mitte der Halle und gab (mit lauter, brüllender Stimme, wie die eines Stiers) einige Bemerkungen ab, die in einer fremden Sprache zu sein schienen. Mr. Raymond Percy, mein Kollege, erreichte sein Niveau, indem er sich auf ein schlagfertiges Duell einließ, in dem er als Sieger hervorging. Das Treffen begann sich für eine Weile respektvoller zu verhalten; Doch bevor ich noch zwölf Sätze gesagt hatte, stürmte ich auf die Bühne. Vor allem der riesige Stuckateur stürzte auf uns zu und erschütterte die Erde wie ein Elefant; und ich weiß wirklich nicht, was passiert wäre, wenn nicht ein ebenso großer, aber nicht ganz so schlecht gekleideter Mann aufgesprungen wäre und ihn zurückgehalten hätte. Dieser andere große Mann rief der Menge eine Art Rede zu, während er sie zurückdrängte. Ich weiß nicht, was er gesagt hat, aber mit Geschrei, Gedränge und solchem Unsinn hat er uns durch eine Hintertür rausgeholt, während die elenden Leute brüllend durch einen anderen Gang gingen.

„Dann folgt der wirklich außergewöhnliche Teil meiner Geschichte. Als er uns draußen in einem ärmlichen Hinterhof mit blasigem Gras, der in eine Gasse mit einem sehr einsam aussehenden Laternenpfahl führte, herausgebracht hatte, sprach mich dieser Riese wie folgt an: „Da sind Sie gut raus, Sir; Jetzt kommst du am besten mit mir. Ich möchte, dass Sie mir bei einem Akt der sozialen Gerechtigkeit helfen, über den wir alle gesprochen haben. Mitkommen!' Und er drehte uns abrupt den großen Rücken zu und führte uns die dürre alte Gasse mit dem einen dürren alten Laternenpfahl hinunter, wobei wir kaum wussten, was wir tun sollten, als ihm zu folgen. Er hatte uns sicherlich in einer äußerst schwierigen Situation geholfen, und als Gentleman konnte ich einem solchen Wohltäter ohne triftigen Grund nicht mit Argwohn begegnen. Dies war auch die Ansicht meines sozialistischen Kollegen, der (bei all seinem schrecklichen Gerede über die Schiedsgerichtsbarkeit) ebenfalls ein Gentleman ist. Tatsächlich stammt er aus den Staffordshire Percys, einem Zweig des alten Hauses, und hat die schwarzen Haare und das blasse, klare Gesicht der ganzen Familie. Ich kann es nur auf Eitelkeit zurückführen, dass er seine persönlichen Vorteile mit schwarzem Samt oder einem roten Kreuz von beträchtlicher Prahlerei steigerte, und sicherlich – aber ich schweife ab.

„Auf der Straße zog Nebel auf, und der letzte verlorene Laternenpfahl verblasste hinter uns auf eine Weise, die den Geist sicherlich deprimierte. Der große Mann vor uns wirkte im Dunst immer größer. Er drehte sich nicht um, sondern sagte mit seinem riesigen Rücken zu uns: „Das ganze Gerede nützt nichts; wir wollen ein wenig praktischen Sozialismus.'

„„Ich stimme voll und ganz zu‘, sagte Percy; „Aber ich mag es immer, Dinge in der Theorie zu verstehen, bevor ich sie in die Praxis umsetze."

„„Oh, das überlassen Sie einfach mir‘, sagte der praktische Sozialist, oder was auch immer er war, mit der erschreckendsten Unbestimmtheit. „Ich habe einen Weg mit mir." Ich bin ein Permeator.'

„Ich konnte mir nicht vorstellen, was er meinte, aber mein Begleiter lachte, sodass ich so beruhigt war, dass ich die unerklärliche Reise vorerst fortsetzen konnte. Es führte uns auf höchst einzigartige Weise; aus der Gasse, in der wir schon ziemlich beengt waren, in einen gepflasterten Durchgang, an dessen Ende wir durch ein offen gelassenes Holztor gingen. Dann überquerten wir in zunehmender Dunkelheit und Dunst einen scheinbar ausgetretenen Pfad durch einen Küchengarten. Ich rief der riesigen Person zu, die vor mir ging, aber er antwortete undeutlich, dass es eine Abkürzung sei.

„Ich wiederholte gerade meinen ganz natürlichen Zweifel gegenüber meinem geistlichen Begleiter, als ich an eine kurze Leiter herangeführt wurde, die offenbar zu einer höher gelegenen Straße führte. Mein gedankenloser Kollege hat es so schnell hochgefahren, dass ich nicht anders konnte, als ihm so gut ich konnte zu folgen. Der Weg, den ich dann betrat, war beispiellos schmal. Ich musste noch nie eine so kleine Durchgangsstraße entlanggehen. Entlang einer Seite davon wuchs etwas, das ich in der Dunkelheit und der dichten Luft zunächst für ein kurzes, starkes Gestrüpp hielt. Dann sah ich, dass es keine kurzen Sträucher waren; es waren die Wipfel hoher Bäume. Ich, ein englischer Herr und Geistlicher der Kirche von England, lief wie ein Kater über eine Gartenmauer.

„Ich bin froh, sagen zu können, dass ich innerhalb meiner ersten fünf Schritte stehengeblieben bin und meiner gerechten Verurteilung freien Lauf gelassen habe , wobei ich mich die ganze Zeit über so gut wie möglich ausbalanciert habe.

„‚Es ist Vorfahrt‘, erklärte mein unhaltbarer Informant. „Alle hundert Jahre ist es für den Verkehr gesperrt.“

"'Herr. Percy, Herr Percy!' Ich rief; „Du machst mit diesem Schurken nicht weiter?“

„‚Warum, ich denke schon‘, antwortete mein unglücklicher Kollege leichtfertig. „Ich denke, du und ich sind größere Schurken als er, was auch immer er sein mag.“

„‚Ich bin ein Einbrecher‘, erklärte das große Wesen ganz ruhig. „Ich bin Mitglied der Fabian Society.“ Ich hole mir den vom Kapitalisten gestohlenen Reichtum zurück, nicht durch umfassenden Bürgerkrieg und Revolution, sondern durch Reformen, die dem besonderen Anlass angepasst sind – hier ein wenig, dort ein wenig. Sehen Sie das fünfte Haus entlang der Terrasse mit dem Flachdach? Ich werde das heute Abend durchdringen.'

„‚Ob es nun ein Verbrechen oder ein Scherz ist‘, rief ich, ,ich möchte damit Schluss machen.‘

„‚Die Leiter ist direkt hinter dir‘, antwortete die Kreatur mit schrecklicher Höflichkeit; „Und bevor Sie gehen, möchte ich Ihnen meine Karte geben.“

„Wenn ich die Geistesgegenwart gehabt hätte, einen angemessenen Geist zu zeigen , hätte ich ihn weggeworfen, obwohl jede angemessene Geste dieser Art mein Gleichgewicht auf der Wand ernsthaft beeinträchtigt hätte. So wie es war, steckte ich es in der Wildheit des Augenblicks in die Tasche meiner Weste und landete, über Mauer und Leiter hinweg, wieder auf den ansehnlichen Straßen. Allerdings hatte ich die beiden schrecklichen und beklagenswerten Tatsachen erst mit eigenen Augen gesehen – dass der

Einbrecher über ein schräges Dach zu den Schornsteinen hinaufkletterte und dass Raymond Percy (ein Priester Gottes und, was noch schlimmer war, ein Gentleman) kroch hinter ihm her. Seit diesem Tag habe ich keinen von beiden mehr gesehen.

„Infolge dieser tiefgreifenden Erfahrung habe ich meine Verbindung zur wilden Welt abgebrochen. Ich bin weit davon entfernt, zu sagen, dass jedes Mitglied der Christlich-Sozialen Union unbedingt ein Einbrecher sein muss. Ich habe kein Recht, eine solche Anklage zu erheben. Aber es gab mir einen Hinweis darauf, wozu solche Kurse in vielen Fällen führen können; und ich sah sie nicht mehr.

„Ich muss nur hinzufügen, dass das von Ihnen beigefügte Foto, aufgenommen von einem Mr. Inglewood, zweifellos das des betreffenden Einbrechers ist. Als ich an diesem Abend nach Hause kam, schaute ich auf seine Karte und sah, dass er dort unter dem Namen Innocent Smith eingetragen war . − Mit freundlichen Grüßen

„John Clement Hawkins.“

Moon warf lediglich einen Blick auf das Papier. Er wusste, dass die Staatsanwälte ein so schweres Dokument nicht hätten erfinden können; dass Moses Gould (zum Beispiel) ebenso wenig wie ein Kanoniker schreiben konnte, wie er wie einer lesen konnte. Nachdem er es zurückgegeben hatte, erhob er sich, um die Verteidigung wegen Einbruchdiebstahls zu eröffnen.

„Wir möchten“, sagte Michael, „der Staatsanwaltschaft alle angemessenen Erleichterungen bieten; zumal es dem ganzen Gericht Zeit spart. Das letztere Ziel werde ich noch einmal verfolgen, indem ich alle jene theoretischen Punkte außer Acht lasse, die Dr. Pym so am Herzen liegen. Ich weiß, wie sie hergestellt werden. Meineid ist eine Form der Aphasie, die dazu führt, dass ein Mann etwas statt eines anderen sagt. Fälschung ist eine Art Schreibkrampf, der einen Mann dazu zwingt, den Namen seines Onkels statt seines eigenen zu schreiben. Piraterie auf hoher See ist vermutlich eine Form der Seekrankheit. Aber es ist für uns unnötig, nach den Ursachen einer Tatsache zu forschen, die wir leugnen. Innocent Smith hat überhaupt nie einen Einbruch begangen.

„Ich möchte die durch unsere vorherige Vereinbarung gewährte Befugnis in Anspruch nehmen und der Staatsanwaltschaft zwei oder drei Fragen stellen.“

Dr. Cyrus Pym schloss die Augen, um seine höfliche Zustimmung zu signalisieren.

„Erstens“, fuhr Moon fort, „haben Sie das Datum, an dem Canon Hawkins zum letzten Mal Smith und Percy gesehen hat, wie sie die Wände und Dächer hinaufkletterten?“

„Ho, juhu !" rief Gould klug. „Dreizehnter November, achtzehneinundneunzig."

„Haben Sie", fuhr Moon fort, „die Häuser in Hoxton identifiziert, auf die sie geklettert sind?"

„Muss Ladysmith Terrace außerhalb der Hauptstraße gewesen sein", antwortete Gould mit der gleichen Bereitschaft wie am Schnürchen.

„Nun", sagte Michael und zog eine Augenbraue hoch, „gab es in dieser Nacht einen Einbruch auf dieser Terrasse? Das könntest du doch sicher herausfinden."

„Vielleicht gab es", sagte der Arzt nach einer Pause ernst, „einen erfolglosen Fall, der zu keinen rechtlichen Konsequenzen führte."

„Noch eine Frage", fuhr Michael fort. „Canon Hawkins hat in seiner blutigen und donnernden jungenhaften Art im aufregenden Moment aufgehört. Warum legen Sie nicht die Aussage des anderen Geistlichen vor, der den Einbrecher tatsächlich verfolgt hat und vermutlich bei der Tat anwesend war?"

Dr. Pym erhob sich und legte seine Fingerspitzen auf den Tisch, wie er es tat, wenn er besonders von der Klarheit seiner Antwort überzeugt war.

„Wir haben es völlig versäumt", sagte er, „den anderen Geistlichen aufzuspüren, der sich in Luft aufgelöst zu haben scheint, nachdem Kanoniker Hawkins gesehen hatte, wie er die Dachrinnen und Leitungen hinaufstieg ." Ich bin mir vollkommen darüber im Klaren, dass dies vielen als einzigartig erscheinen mag ; Doch wenn ich darüber nachdenke, denke ich, dass es für einen klugen Denker ziemlich natürlich erscheinen wird. Dieser Mr. Raymond Percy ist, den Aussagen des Kanonikers zufolge, zugegebenermaßen ein Geistlicher mit exzentrischen Sitten. Seine Verbindung zu den Stolzesten und Schönsten Englands hindert ihn offenbar nicht daran, eine Vorliebe für die Gesellschaft der wirklich Niedrigen zu entwickeln. Andererseits ist der Gefangene Smith nach allgemeiner Meinung ein Mann von unwiderstehlicher Faszination. Ich hege keinen Zweifel daran, dass Smith den verehrten Percy in das Verbrechen verwickelt und ihn gezwungen hat, seinen Kopf in der Klasse der echten Kriminellen zu verstecken . Das würde sein Nichterscheinen und das Scheitern aller Versuche, ihn aufzuspüren, vollständig erklären."

„Es ist also unmöglich, ihn aufzuspüren?" fragte Mond.

„Unmöglich", wiederholte der Spezialist und schloss die Augen.

„Sind Sie sicher, dass das unmöglich ist?"

„ Oh , versiege, Michael", rief Gould gereizt. „ Wenn wir könnten, hätten wir ihn gefunden, denn Sie können darauf wetten, dass er den Einbruch gesehen hat . Fangen Sie nicht an, nach „ im" zu suchen . Suchen Sie nach

Ihrem eigenen Kopf in der Mülltonne. Das wirst du nach einer Weile finden", und seine Stimme verstummte im Murren.

„Arthur", wies Michael Moon an, als er sich setzte, „lesen Sie freundlicherweise Herrn Raymond Percys Brief an das Gericht vor."

„Da ich, wie Mr. Moon gesagt hat, das Verfahren so weit wie möglich verkürzen möchte", begann Inglewood, „werde ich den ersten Teil des an uns gesendeten Briefes nicht lesen. Es wäre für die Staatsanwaltschaft nur fair zuzugeben, dass die Darstellung des zweiten Geistlichen, soweit es die Fakten betrifft, die Darstellung des ersten Geistlichen voll und ganz bestätigt. Wir geben also die Geschichte des Kanons soweit zu, wie sie ist. Dies muss unbedingt für den Staatsanwalt wertvoll und auch für das Gericht praktisch sein. Ich beginne Mr. Percys Brief also an dem Punkt, als alle drei Männer auf der Gartenmauer standen :

„Als ich zusah, wie Hawkins an der Wand schwankte, beschloss ich, nicht zu schwanken. Eine Wolke des Zorns hing in meinem Gehirn, wie die Wolke aus Kupfernebel über den Häusern und Gärten ringsum. Meine Entscheidung war gewaltsam und einfach; Doch die Gedanken, die dazu führten, waren so kompliziert und widersprüchlich, dass ich sie jetzt nicht mehr nachvollziehen konnte. Ich wusste, dass Hawkins ein freundlicher, unschuldiger Gentleman war; und ich hätte zehn Pfund für das Vergnügen gegeben, ihn die Straße entlang zu treten. Dass Gott zulassen sollte, dass gute Menschen so bestialisch dumm sind, erhob sich gegen mich wie eine gewaltige Gotteslästerung.

„Ich fürchte, ich hatte in Oxford ein ziemlich schlechtes künstlerisches Temperament; und Künstler lieben es, begrenzt zu sein. Ich mochte die Kirche als hübsches Muster; Disziplin war bloße Dekoration. Ich hatte Freude an bloßen Zeiteinteilungen; Am Freitag aß ich gern Fisch. Aber dann mag ich Fisch; und das Fasten war für Männer gedacht, die Fleisch mögen. Dann kam ich nach Hoxton und traf Männer, die fünfhundert Jahre lang gefastet hatten; Männer, die Fische nagen mussten, weil sie kein Fleisch bekommen konnten – und Fischgräten, wenn sie keinen Fisch bekommen konnten. Da zu viele britische Offiziere die Armee als Schauplatz betrachten, habe ich den Church Militant so behandelt, als wäre es der Church Pageant. Hoxton schafft Abhilfe. Dann wurde mir klar, dass der Church Militant 1800 Jahre lang kein Fest, sondern ein Aufstand gewesen war – und zwar ein unterdrückter Aufstand. Dort lebten immer noch geduldig in Hoxton die Menschen, denen die gewaltigen Versprechen gemacht worden waren. Angesichts dessen musste ich ein Revolutionär werden, wenn ich weiterhin religiös bleiben wollte. In Hoxton kann man kein Konservativer sein, ohne gleichzeitig Atheist – und Pessimist – zu sein. Niemand außer dem Teufel könnte Hoxton retten wollen.

„Zu all dem kommt noch Hawkins. Wenn er alle Hoxton-Männer verflucht, sie exkommuniziert und ihnen gesagt hätte, dass sie zur Hölle fahren würden, hätte ich ihn eher bewundert. Wenn er befohlen hätte, sie alle auf dem Marktplatz zu verbrennen, hätte ich immer noch die Geduld gehabt, die alle guten Christen gegenüber dem Unrecht haben, das anderen Menschen zugefügt wird. Aber bei Hawkins gibt es weder Priestertum noch irgendeine andere Art von Handwerk. Er ist ebenso unfähig, Priester zu sein wie Zimmermann, Kutscher, Gärtner oder Stuckateur. Er ist ein perfekter Gentleman; das ist seine Beschwerde. Er drängt nicht sein Glaubensbekenntnis auf, sondern lediglich seine Klasse. Während seiner gesamten verdammenden Ansprache sagte er kein einziges Wort der Religion. Er sagte einfach alles, was auch sein Bruder, der Major, gesagt hätte. Eine Stimme vom Himmel versichert mir, dass er einen Bruder hat und dass dieser Bruder ein Major ist.

„Als dieser hilflose Aristokrat Menschen, die Körper und Seele kaum zusammenhalten konnten, Reinheit im Körper und Konvention in der Seele gepriesen hatte, begann der Ansturm auf unsere Plattform. Ich beteiligte mich an seiner unverdienten Rettung, ich folgte seinem unbekannten Befreier, bis wir (wie ich bereits sagte) zusammen auf der Mauer über den düsteren Gärten standen, die bereits von Nebel umhüllt waren. Dann schaute ich den Pfarrer und den Einbrecher an und kam in einem Anfall von Inspiration zu dem Schluss, dass der Einbrecher der bessere Mann von beiden war. Der Einbrecher schien genauso freundlich und menschlich zu sein wie der Pfarrer – und er war auch mutig und selbstständig, was der Pfarrer nicht war. Ich wusste, dass es in der Oberschicht keine Tugend gab, denn ich selbst gehöre ihr an; Ich wusste, dass es in der Unterschicht nicht so viel gab, denn ich hatte schon lange damit gelebt. Mir kamen viele alte Texte über Verachtete und Verfolgte in den Sinn, und ich dachte, dass die Heiligen möglicherweise in der Klasse der Kriminellen verborgen seien. Ungefähr zu dem Zeitpunkt, als Hawkins die Leiter hinunterstieg, kroch ich ein niedriges, schräges blaues Schieferdach hinauf, hinter dem großen Mann her, der wie ein Gorilla vor mir her sprang.

„Dieser Aufstieg war von kurzer Dauer, und schon bald stapften wir über eine breite Straße mit Flachdächern, breiter als viele große Durchgangsstraßen, mit hier und da Schornsteinen, die im Dunst so wuchtig wirkten wie kleine Festungen. Das Ersticken des Nebels schien die etwas anschwellende und krankhafte Wut zu verstärken, unter der mein Gehirn und mein Körper litten . Der Himmel und all die Dinge, die normalerweise klar sind, schienen von finsteren Geistern überwältigt zu sein. Hohe Gespenster mit Turbanen aus Dampf schienen höher zu stehen als die Sonne oder der Mond und übertrafen beide. Ich dachte schwach an Illustrationen zu „1001 Nacht“ auf braunem Papier mit kräftigen, aber düsteren Farbtönen, die Genies zeigten, die sich um das Siegel Salomos versammelten. Was war übrigens das Siegel Salomos? Eigentlich hat es nichts mit Siegellack zu tun, nehme ich an; Aber meine verwirrte Fantasie fühlte, dass die dicken Wolken aus dieser schweren und anhaftenden Substanz von starker, undurchsichtiger Farbe stammten , die aus kochenden Töpfen gegossen und zu monströsen Symbolen geformt wurde.

„Der erste Effekt der hohen Turban- Dämpfe war das verfärbte Aussehen von Erbsensuppe oder Kaffeebraun, von dem die Londoner üblicherweise sprechen. Aber die Szene wurde mit zunehmender Vertrautheit subtiler. Wir standen über dem Durchschnitt der Hausdächer und sahen etwas von dem Ding namens Rauch, das in großen Städten das seltsame Ding namens Nebel erzeugt. Unter uns erhob sich ein Wald aus Schornsteinen. Und in jedem Schornstein stand, als wäre es ein Blumentopf, ein kleiner Strauch oder ein hoher bunter Baum Dampf . Der Rauch hatte verschiedene Farben ; Denn einige Schornsteine stammten von Kaminen, andere von Fabriken und wieder andere von bloßen Müllhaufen. Und doch, obwohl die Farbtöne alle unterschiedlich waren, wirkten sie alle unnatürlich, wie Dämpfe aus einem Hexentopf. Es war, als ob die schändlichen und hässlichen Gestalten, die im Kessel ihre Form verloren, jeweils einen eigenen Dampfstoß aussendeten, der je nach verzehrtem Fisch oder Fleisch gefärbt war . Hier leuchteten von unten dunkelrote Wolken, wie sie aus dunklen Gefäßen mit Opferblut treiben könnten; Dort war der Dampf dunkel indigograu, wie die langen Haare von Hexen, die in die Höllenbrühe getaucht sind. An einer anderen Stelle war der Rauch von einem schrecklichen, undurchsichtigen Elfenbeingelb, wie es die Entkörperlichung eines ihrer alten, aussätzigen Wachsbilder sein könnte. Aber quer darüber verlief eine Linie aus hellem, unheimlichem Schwefelgrün , so klar und schief wie Arabisch –"

Herr Moses Gould versuchte erneut, den Bus festzunehmen. Es wurde verstanden, dass er dem Leser vorschlug, den Text abzukürzen, indem er alle Adjektive wegließ. Mrs. Duke, die aufgewacht war, bemerkte, dass sie sicher sei, dass alles sehr schön sei, und die Entscheidung wurde von Moses ordnungsgemäß mit einem blauen und von Michael mit einem roten Stift notiert. Anschließend nahm Inglewood die Verlesung des Dokuments wieder auf.

„Dann habe ich die Schrift des Rauches gelesen. Rauch war wie die moderne Stadt, die ihn erschafft; es ist nicht immer langweilig oder hässlich, aber es ist immer böse und eitel.

„Das moderne England war wie eine Rauchwolke; Es könnte alle Farben tragen , aber es könnte nichts als einen Fleck hinterlassen. Es war unsere Schwäche und nicht unsere Stärke, die einen reichen Abfall in den Himmel schleuderte. Das waren die Ströme unserer Eitelkeit, die sich ins Leere ergossen. Wir hatten den heiligen Kreis des Wirbelsturms genommen, auf ihn herabgeschaut und ihn als einen Strudel gesehen. Und dann hatten wir es als Waschbecken benutzt. Für mich selbst war es ein gutes Symbol für die Meuterei. Nur unsere schlimmsten Dinge kamen in den Himmel. Nur unsere Kriminellen könnten noch wie Engel aufsteigen.

„Da mein Gehirn von solchen Gefühlen geblendet war, blieb mein Führer bei einem der großen Schornsteine stehen, die in regelmäßigen Abständen wie Laternenpfähle entlang dieser hochgelegenen Luftstraße standen. Er legte seine schwere Hand darauf, und im Moment dachte ich, er würde sich nur darauf stützen, müde von seinem steilen Aufstieg über die Terrasse. Soweit ich anhand der Abgründe, die auf beiden Seiten voller Nebel waren und durch die verschleierten Lichter aus Rotbraun und Altgold hin und wieder schimmerten, erkennen konnte, befanden wir uns am oberen Ende einer dieser langen, aufeinanderfolgenden und vornehmen Reihen von Häusern, die immer noch über den ärmeren Vierteln zu finden sind, ein Überbleibsel des Optimismus früherer spekulativer Bauherren. Vermutlich waren sie völlig unbewohnt oder wurden nur von kleinen Clans der Armen bewohnt, die sich auch in den alten, leeren Palästen Italiens versammeln. Tatsächlich entdeckte ich kurze Zeit später, als sich der Nebel ein wenig lichtete, dass wir um einen Halbkreis aus Halbmond gingen, der unter uns in einen flachen Platz oder eine breite Straße unter einem anderen abfiel, wie eine riesige Treppe, in einem Eine Art und Weise, die in den exzentrischen Gebäuden Londons nicht unbekannt ist und wie die letzten Felsvorsprünge des Landes aussieht. Doch eine Wolke verschloss noch immer die riesige Treppe.

„Meine Spekulationen über die düstere Himmelslandschaft wurden jedoch durch etwas so Unerwartetes wie den vom Himmel fallenden Mond unterbrochen. Anstatt dass mein Einbrecher seine Hand vom Schornstein nahm, auf den er sich stützte, stützte er sich etwas stärker darauf, und der ganze Schornstein drehte sich um wie der aufklappbare Deckel eines Tintenfasses. Ich erinnerte mich an die kurze Leiter, die an der niedrigen Mauer lehnte, und war mir sicher, dass er sein kriminelles Vorgehen schon lange vorher geplant hatte.

„Der Einsturz des großen Schornsteins hätte der Höhepunkt meiner chaotischen Gefühle sein sollen; aber um die Wahrheit zu sagen, es erzeugte plötzlich ein Gefühl der Komik und sogar des Trostes. Ich konnte mich nicht erinnern, was diesen plötzlichen Einbruch mit einigen urigen, aber dennoch freundlichen Fantasien verbinden sollte. Dann erinnerte ich mich an die entzückenden und lärmenden Szenen mit Dächern und Schornsteinen in den Harlekinaden meiner Kindheit und wurde auf dunkle und völlig irrationale Weise von einem Gefühl der Substanzlosigkeit in der Szene getröstet, als ob die Häuser aus Latten, Farbe und Pappe bestünden, und zwar nur dazu gedacht, von Polizisten und Pantalons hinein- und herausgeschleudert zu werden. Der Gesetzesverstoß meines Begleiters erschien mir nicht nur ernsthaft, sondern sogar auf komische Weise entschuldbar. Wer waren all diese pompösen, absurden Leute mit ihren Lakaien und ihren Fußschabern, ihren Schornsteinköpfen und ihren Schornsteinhüten, die einen armen Clown daran hindern sollten, Würste zu bekommen, wenn er sie wollte? Man könnte annehmen, dass Eigentum eine ernste Sache sei. Ich hatte sozusagen eine höhere Ebene dieser bergigen und dunstigen Visionen erreicht, den Himmel einer höheren Leichtigkeit.

„Mein Führer war in den dunklen Hohlraum gesprungen, der durch den verschobenen Schornstein sichtbar wurde. Er muss deutlich tiefer gelandet sein, denn so groß er auch war, außer seinem seltsam zerzausten Kopf war nichts zu sehen. Etwas Fernes und doch Vertrautes gefiel mir an dieser Art, in die Häuser der Menschen einzudringen. Ich dachte an kleine Schornsteinfeger und „Die Wasserbabys"; aber ich entschied, dass es das nicht war. Dann erinnerte ich mich daran, was mich dazu brachte, eine solche verdrehte Übertretung mit Vorstellungen in Verbindung zu bringen, die der Vorstellung von Kriminalität völlig entgegengesetzt waren. Natürlich Heiligabend und der Weihnachtsmann kommt durch den Schornstein.

„Fast im gleichen Moment verschwand der haarige Kopf im schwarzen Loch; aber ich hörte eine Stimme von unten nach mir rufen. Ein oder zwei Sekunden später erschien der haarige Kopf wieder; Es war dunkel vor dem feurigeren Teil des Nebels, und man konnte nichts über seinen Ausdruck sagen, aber seine Stimme forderte mich auf, mit der enthusiastischen Ungeduld zu folgen, die man nur unter alten Freunden kennt. Ich sprang in den Abgrund, und zwar genauso blind wie Curtius, denn ich dachte immer noch an den Weihnachtsmann und die traditionelle Tugend eines solchen vertikalen Eintritts.

„In jedem gut ausgestatteten Herrenhaus, dachte ich, gab es eine Vordertür für die Herren und eine Seitentür für die Handwerker; aber es gab auch die obere Tür für die Götter. Der Schornstein ist sozusagen der unterirdische Durchgang zwischen Erde und Himmel. Durch diesen Sternentunnel schafft es der Weihnachtsmann – wie die Feldlerche –, den verwandten Punkten von Himmel und Heimat treu zu bleiben. Ja, aufgrund bestimmter Konventionen und eines weit verbreiteten Mangels an Mut zum Klettern wurde diese Tür möglicherweise wenig genutzt. Aber die Tür des Weihnachtsmanns war in Wirklichkeit die Vordertür: Es war die Tür zum Universum.

„Das dachte ich, als ich mich durch die schwarze Mansarde oder den Dachboden unter dem Dach tastete und die niedrige Leiter hinunterkletterte, die uns in einen noch größeren Dachboden hinunterführte. Doch erst als ich die Leiter halb hinuntergeklettert war, blieb ich plötzlich stehen und dachte einen Moment lang darüber nach, alle meine Schritte zurückzuverfolgen, so wie mein Begleiter sie vom Anfang der Gartenmauer aus zurückverfolgt hatte. Der Name Weihnachtsmann hatte mich plötzlich wieder zur Besinnung gebracht. Ich erinnerte mich, warum der Weihnachtsmann kam und warum er willkommen war.

„Ich bin in den besitzenden Schichten aufgewachsen, mit all ihrer Abscheu vor Eigentumsdelikten. Ich hatte alle regelmäßigen Denunziationen wegen Raubüberfalls gehört, sowohl richtige als auch falsche; Ich hatte die Zehn Gebote tausendmal in der Kirche gelesen. Und dann und da, im Alter von vierunddreißig Jahren, auf halber Höhe einer Leiter in einem dunklen Raum, in der körperlichen Handlung eines Einbrechers, wurde mir plötzlich zum ersten Mal klar, dass Diebstahl schließlich wirklich falsch ist.

„Es war jedoch zu spät, um umzukehren, und ich folgte den seltsam sanften Schritten meines riesigen Begleiters über den unteren und größeren Dachboden, bis er auf einem Teil des nackten Bodens kniete und nach ein paar fummeligen Versuchen einen hochhob eine Art Falltür. Dies löste Licht von unten aus, und wir sahen in ein von Lampen erleuchtetes Wohnzimmer hinunter, wie es in großen Häusern oft aus einem Schlafzimmer herausführt und eine Ergänzung dazu darstellt. Das Licht, das wie eine lautlose Explosion unter unseren Füßen hervorbrach, zeigte, dass die gerade geöffnete Falltür mit Staub und Rost verstopft war und zweifellos lange Zeit unbenutzt geblieben war, bis mein unternehmungslustiger Freund auftauchte. Aber ich schaute nicht lange hin, denn der Anblick des leuchtenden Raumes unter uns hatte eine fast unnatürliche Anziehungskraft. Aus einem so seltsamen Winkel und durch eine so vergessene Tür ein modernes Interieur zu betreten, war eine Epoche in der eigenen Psychologie. Es war, als hätte man eine vierte Dimension gefunden.

„Mein Begleiter fiel so plötzlich und lautlos aus der Öffnung in den Raum, dass ich nichts anderes tun konnte, als ihm zu folgen; obwohl ich mangels Erfahrung in der Kriminalität keineswegs still war. Bevor das Echo meiner Stiefel verklungen war, war der große Einbrecher schnell zur Tür gegangen, hatte sie halb geöffnet und stand da, blickte die Treppe hinunter und lauschte. Dann ließ er die Tür noch halb offen, ging zurück in die Mitte des Zimmers und ließ sein umherschweifendes blaues Auge über die Möbel und Dekorationen gleiten. Der Raum war bequem mit Büchern auf jene reichhaltige und menschliche Art ausgekleidet, die die Wände lebendig erscheinen ließ; Es war ein tiefes und volles, aber schlampiges Bücherregal von der Art, wie man es ständig durchstöbert, um im Bett zu lesen. In einer Ecke stand einer dieser kümmerlichen deutschen Öfen, die wie rote Kobolde aussehen, und in seinem unteren Teil ein Sideboard aus Walnussholz mit geschlossenen Türen. Es gab drei Fenster, hoch, aber schmal. Nachdem ich mich noch einmal umgeschaut hatte, riss mein Einbrecher die Walnusstüren auf und kramte darin herum. Offenbar fand er dort nichts außer einer äußerst hübschen Karaffe aus geschliffenem Glas, die etwas enthielt, das wie Portwein aussah. Irgendwie weckte der Anblick des Diebes, der mit diesem lächerlichen kleinen Luxus in der Hand zurückkehrte, in mir noch einmal all die Offenbarung und den Abscheu, die ich oben empfunden hatte.

„'Tu es nicht!' Ich rief ganz zusammenhangslos: „Weihnachtsmann …"

„„Ah', sagte der Einbrecher, während er die Karaffe auf den Tisch stellte und mich ansah, ‚daran hast du auch gedacht.'

„„Ich kann nicht ein Millionstel von dem ausdrücken, woran ich gedacht habe', rief ich, ‚aber es ist ungefähr so... Oh, kannst du es nicht sehen? Warum haben Kinder keine Angst vor dem Weihnachtsmann, obwohl er wie ein Dieb in der Nacht kommt? Ihm ist Geheimhaltung, Hausfriedensbruch, fast Verrat gestattet – weil es dort, wo er war, mehr Spielzeug gibt. Was würden wir fühlen, wenn es weniger gäbe? Durch welchen Schornstein aus der Hölle würde der Kobold kommen, der den schlafenden Kindern die Bälle und Puppen wegnehmen sollte? Könnte eine griechische Tragödie grauer und grausamer sein als dieser Tagesanbruch und dieses Erwachen? Hundedieb, Pferdedieb, Menschendieb – können Sie sich etwas so Gemeines wie einen Spielzeugdieb vorstellen?

„„Der Einbrecher nahm wie abwesend einen großen Revolver aus seiner Tasche und legte ihn auf den Tisch neben der Karaffe, hielt aber seine blauen, spiegelnden Augen weiterhin auf mein Gesicht gerichtet.

„'Mann!' Ich sagte: „Alles Stehlen ist Spielzeugdiebstahl." Deshalb ist es wirklich falsch. Die Güter der unglücklichen Menschenkinder sollten wegen ihrer Wertlosigkeit wirklich respektiert werden. Ich weiß, dass Naboths Weinberg genauso bemalt ist wie die Arche Noah. Ich weiß, dass Nathans Mutterschaf-Lamm in Wirklichkeit ein wolliges Baa-Lamm auf einem Holzständer ist. Deshalb konnte ich sie nicht wegnehmen. Es störte mich nicht so sehr, solange ich die Sachen der Männer als ihre Wertsachen betrachtete; aber ich wage nicht, Hand an ihre Eitelkeiten zu legen.'

„„Nach einem Moment fügte ich abrupt hinzu: ‚Nur Heilige und Weise sollten ausgeraubt werden.' Sie können beraubt und geplündert werden; aber nicht die armen kleinen, weltlichen Menschen der Dinge, die ihr armer kleiner Stolz sind.'

„„Er holte zwei Weingläser aus dem Schrank, füllte sie beide und hob eines davon grüßend an seine Lippen.

„'Tu es nicht!' Ich weinte. „Vielleicht ist es die letzte Flasche des einen oder anderen verdorbenen Jahrgangs." Der Herr dieses Hauses dürfte ziemlich stolz darauf sein. Erkennen Sie nicht, dass in der Albernheit solcher Dinge etwas Heiliges liegt?'

„„Es ist nicht die letzte Flasche', antwortete mein Verbrecher ruhig; „Im Keller ist noch viel mehr."

„,Du kennst also das Haus?' Ich sagte .

„,Zu gut', antwortete er mit einer Traurigkeit, die so seltsam war, dass sie etwas Unheimliches an sich hatte. „Ich versuche immer zu vergessen, was ich weiß – und herauszufinden, was ich nicht weiß." Er leerte sein Glas. „Außerdem", fügte er hinzu, „wird es ihm gut tun."

„,Was wird ihm guttun?'

„,Der Wein, den ich trinke', sagte die fremde Person.

„,'Trinkt er dann zu viel?' Ich habe nachgefragt.

„,Nein', antwortete er, ,nicht, es sei denn, ich tue es.'

„,Soll das heißen', fragte ich, ,dass der Besitzer dieses Hauses alles gutheißt, was Sie tun?'

„,'Gott behüte', antwortete er; „Aber er muss das Gleiche tun."

„Das tote Gesicht des Nebels, das durch alle drei Fenster blickte, verstärkte in unzumutbarer Weise das Gefühl des Rätsels und sogar des Schreckens über dieses hohe, schmale Haus, das wir aus dem Himmel betreten hatten. Ich hatte wieder einmal die Vorstellung von den gigantischen Genien – ich stellte mir vor, dass riesige ägyptische Gesichter in den toten Rot- und Gelbtönen Ägyptens durch jedes Fenster unseres kleinen, von Lampen erleuchteten Zimmers wie auf eine beleuchtete Marionettenbühne starrten. Mein Begleiter spielte weiter mit der Pistole vor sich und redete mit derselben ziemlich unheimlichen Vertraulichkeit.

„Ich versuche immer, ihn zu finden – ihn unvorbereitet zu erwischen. Ich komme durch Oberlichter und Falltüren herein, um ihn zu finden; aber wann immer ich ihn finde, tut er, was ich tue.'

„Ich sprang voller Angst auf. „Da kommt jemand ", rief ich, und mein Schrei hatte etwas von einem Kreischen an sich. Nicht von der Treppe unten, sondern entlang des Gangs vom inneren Schlafzimmer (was es irgendwie noch beunruhigender zu machen schien) kamen Schritte näher. Ich kann überhaupt nicht sagen, welches Geheimnis, welches Monster oder welchen Doppelgänger ich zu sehen erwartete, als die Tür von innen aufgestoßen wurde. Ich bin mir nur ziemlich sicher, dass ich nicht damit gerechnet habe, das zu sehen, was ich gesehen habe.

„Eingerahmt in der offenen Tür stand mit einer Miene großer Gelassenheit eine ziemlich große junge Frau, eindeutig, wenn auch undefinierbar künstlerisch – ihr Kleid hatte die Farbe des Frühlings und ihr Haar war wie Herbstlaub, mit einem Gesicht, das zwar noch vergleichsweise jung war, aber durchaus Ausdruckskraft hatte Erfahrung sowie Intelligenz. Sie sagte nur: „Ich habe Sie nicht hereinkommen hören."

„,Ich bin auf einem anderen Weg gekommen', sagte der Permeator etwas vage. „Ich hatte meinen Hausschlüssel zu Hause gelassen."

„Ich stand mit einer Mischung aus Höflichkeit und Manie auf. „Es tut mir wirklich sehr leid“, rief ich. „Ich weiß, dass meine Position unregelmäßig ist. Wären Sie so zuvorkommend und würden mir sagen, wessen Haus das ist?'

„,Mein', sagte der Einbrecher, ,Darf ich dich meiner Frau vorstellen?'

„Ich nahm zweifelnd und etwas langsam meinen Platz wieder ein; und ich kam erst fast am Morgen heraus. Mrs. Smith (so lautete der prosaische Name dieses alles andere als prosaischen Haushalts) blieb noch ein wenig und unterhielt sich leise und freundlich. Sie hinterließ bei mir den Eindruck einer seltsamen Mischung aus Schüchternheit und Schärfe; als ob sie die Welt gut kannte, aber dennoch ein wenig harmlose Angst davor hätte. Vielleicht hatte der Besitz eines so nervösen und unberechenbaren Mannes sie ein wenig nervös gemacht. Wie auch immer, als sie sich wieder in die innere Kammer zurückgezogen hatte, schüttete dieser außergewöhnliche Mann seine Entschuldigung und Autobiografie über den schwindenden Wein aus.

„Er war nach Cambridge geschickt worden, um eine mathematisch-naturwissenschaftliche und nicht eine klassische oder literarische Karriere einzuschlagen. Ein sternenloser Nihilismus war damals die Philosophie der Schulen; und es löste in ihm einen Krieg zwischen den Mitgliedern und dem Geist aus, aber einen, in dem die Mitglieder Recht hatten. Während sein Gehirn das Glaubensbekenntnis der Schwarzen akzeptierte, rebellierte sein Körper dagegen. Wie er es ausdrückte, lehrte ihn seine rechte Hand schreckliche Dinge. Wie die Behörden der Universität Cambridge es leider ausdrückten, hatte es die Form angenommen, dass seine rechte Hand einem angesehenen Don eine geladene Schusswaffe ins Gesicht hielt und ihn dazu trieb, aus dem Fenster zu klettern und sich an einen Wasserspeier zu klammern. Er hatte es nur getan, weil der arme Don theoretisch eine Vorliebe für die Nichtexistenz bekundet hatte. Für diese sehr unakademische Art von Argumentation war er heruntergeschickt worden. So sehr er sich auch vor Abscheu übergeben musste, angesichts des Pessimismus, der unter seiner Pistole nachgelassen hatte, verwandelte er sich in eine Art Fanatiker der Lebensfreude. Er widersprach allen Vorstellungen ernsthaft denkender Männer. Er war schwul, aber keineswegs leichtsinnig. Seine praktischen Witze waren ernster als verbale. Obwohl er kein Optimist in dem absurden Sinne war, der behauptet, dass das Leben nur aus Bier und Kegeln besteht, schien er tatsächlich zu behaupten, dass Bier und Kegeln der ernsteste Teil davon seien. „Was ist unsterblicher“, rief er, „als Liebe und Krieg? Art aller Wünsche und Freuden – Bier. Art aller Schlachten und Eroberungen: Kegeln.

„In ihm steckte etwas von dem, was die alte Welt die Feierlichkeit von Festen nannte – wenn man davon sprach, eine bloße Maskerade oder ein Hochzeitsbankett zu ,feierlich' zu machen. Dennoch war er kein bloßer Heide, genauso wenig wie ein bloßer Scherz. Seine Exzentrizität entsprang einer statischen Tatsache des Glaubens, die an sich mystisch und sogar kindlich und christlich war.

„„Ich leugne nicht', sagte er, ,dass es Priester geben sollte, die die Menschen daran erinnern, dass sie eines Tages sterben werden. Ich sage nur, dass es in bestimmten seltsamen Epochen notwendig ist, eine andere Art von Priestern zu haben, sogenannte Dichter, eigentlich um die Menschen daran zu erinnern, dass sie noch nicht tot sind. Die Intellektuellen, unter denen ich mich bewegte, waren nicht einmal lebendig genug, um den Tod zu fürchten. Sie hatten nicht genug Blut in sich, um Feiglinge zu sein. Bis ihnen ein Pistolenlauf unter die Nase gesteckt wurde , wussten sie nicht einmal, dass sie geboren waren. Wenn man seit langem nach einer ewigen Perspektive sucht, könnte es wahr sein, dass das Leben ein Sterbenlernen ist. Aber für diese kleinen weißen Ratten war es genauso wahr, dass der Tod ihre einzige Chance war, das Leben zu lernen."

„Sein Glaubensbekenntnis des Wunders war durch diesen absoluten Test christlich; dass er das Gefühl hatte, dass es ihm und anderen ständig entging. Er hatte die gleiche Pistole für sich, wie Brutus vom Dolch sagte. Um die bloße Überzeugung, dass er am Leben sei, aufrechtzuerhalten, lief er ständig auf absurde Weise in große Abgründe oder mit rasender Geschwindigkeit. Er bewahrte triviale und doch verrückte Details auf, die ihn einst an die schreckliche unterbewusste Realität erinnert hatten. Als der Don an der steinernen Dachrinne gehangen hatte, weckte der Anblick seiner langen, baumelnden Beine, die wie Flügel in der Leere vibrierten, irgendwie die nackte Satire der alten Definition des Menschen als zweibeiniges Tier ohne Federn. Der elende Professor war durch seinen Kopf, den er so aufwändig kultiviert hatte, in Gefahr gebracht worden, und nur seine Beine, die er mit Kälte und Vernachlässigung behandelt hatte, retteten ihn. Smith konnte sich keine andere Möglichkeit vorstellen, dies anzukündigen oder aufzuzeichnen, als ein Telegramm an einen alten Freund (zu diesem Zeitpunkt ein völlig Fremder) zu schicken, um ihm mitzuteilen, dass er gerade einen Mann mit zwei Beinen gesehen hatte; und dass der Mann am Leben war.

„Der Aufschwung seines entfesselten Optimismus explodierte wie eine Rakete in Sternen, als er sich plötzlich verliebte. Er schoss zufällig in einem Kanu auf ein hohes und sehr steiles Wehr, um sich selbst zu beweisen, dass er am Leben war; und bald gerieten ihm Zweifel an der Fortdauer dieser Tatsache in den Sinn. Was noch schlimmer war, er stellte fest, dass er eine harmlose Dame, die allein in einem Ruderboot saß, ebenso in Gefahr gebracht hatte wie eine Frau, die den Tod durch keine Beteuerungen der philosophischen Verneinung provoziert hatte. Er entschuldigte sich in wildem Keuchen während all seiner wilden nassen Bemühungen , sie ans Ufer zu bringen, und als er es endlich getan hatte, schien er ihr am Ufer einen Heiratsantrag gemacht zu haben. Jedenfalls heiratete er sie mit demselben

Eifer, mit dem er sie beinahe ermordet hätte; und sie war die Dame in Grün, zu der ich kürzlich „Gute Nacht" gesagt hatte.

„Sie hatten sich in diesen hohen, schmalen Häusern in der Nähe von Highbury niedergelassen. Vielleicht ist das tatsächlich kaum das richtige Wort. Man könnte streng genommen sagen, dass Smith verheiratet war, dass er sehr glücklich verheiratet war, dass er sich nicht nur um keine andere Frau als um seine Frau kümmerte, sondern dass er sich offenbar auch um keinen anderen Ort als sein Zuhause kümmerte; aber vielleicht konnte man kaum sagen, dass er sich niedergelassen hatte. „Ich bin ein sehr häuslicher Kerl", erklärte er ernst, „und bin oft lieber durch ein zerbrochenes Fenster hereingekommen, als zu spät zum Tee zu kommen."

„Er peitschte seine Seele mit Lachen, um sie am Einschlafen zu hindern. Er verlor seiner Frau eine Reihe ausgezeichneter Bediensteter, indem er als völlig Fremder an die Tür klopfte und fragte, ob Mr. Smith dort wohne und was für ein Mann er sei. Der Londoner Generaldiener ist es nicht gewohnt, dass der Herr sich solchen transzendentalen Ironien hingibt. Und es war unmöglich, ihr zu erklären, dass er es tat, um das gleiche Interesse an seinen eigenen Angelegenheiten zu empfinden, das er immer für die anderer Menschen empfand.

„Ich weiß, dass da ein Kerl namens Smith ist', sagte er auf seine etwas seltsame Art, ,der in einem der hohen Häuser auf dieser Terrasse wohnt. Ich weiß, dass er wirklich glücklich ist, und trotzdem kann ich ihn dabei nie erwischen.'

„Manchmal behandelte er seine Frau plötzlich mit einer Art gelähmter Höflichkeit, wie ein junger Fremder, dem Liebe auf den ersten Blick in den Sinn kommt. Manchmal weitete er diese poetische Angst auf die Möbel selbst aus; Er schien sich bei dem Stuhl zu entschuldigen, auf dem er saß, und vorsichtig wie ein Felswanderer die Treppe hinaufzusteigen, um in sich selbst den Sinn für ihr Skelett der Realität zu erneuern. „Jede Treppe ist eine Leiter und jeder Hocker ein Bein", sagte er. Und zu anderen Zeiten spielte er den Fremden genau im umgekehrten Sinne und trat auf andere Weise ein, um sich wie ein Dieb und Räuber zu fühlen. Er würde in sein eigenes Zuhause einbrechen und Gewalt anrichten, so wie er es in dieser Nacht mit mir getan hatte. Es war fast Morgen, bevor ich mich von dieser seltsamen Zuversicht des Mannes, der nicht sterben würde, losreißen konnte, und als ich ihm auf der Türschwelle die Hand schüttelte, lichtete sich die letzte Nebelwolke, und durch Spalten des Tageslichts wurden die Treppen mit unregelmäßigen Straßenniveaus sichtbar das sah aus wie das Ende der Welt.

„Vielen wird es genügen zu sagen, dass ich eine Nacht mit einem Wahnsinnigen verbracht habe. Welchen anderen Begriff, so wird man sagen, könnte man auf ein solches Wesen anwenden? Ein Mann, der sich daran erinnert, dass er verheiratet ist, indem er vorgibt, nicht verheiratet zu sein!

Ein Mann, der versucht, seine eigenen Güter zu begehren statt die seines Nachbarn! Dazu habe ich nur ein Wort zu sagen, und es ist mir eine Ehre , es zu sagen, auch wenn niemand es versteht. Ich glaube, der Wahnsinnige war einer von denen, die nicht nur kommen, sondern gesandt werden; von Ihm, der seine Engel zu Winden und seine Boten zu flammendem Feuer machte, wie ein großer Sturm auf die Schiffe gesandt. Das weiß ich zumindest mit Sicherheit. Ob solche Männer gelacht oder geweint haben, wir haben über ihr Lachen ebenso gelacht wie über ihr Weinen. Ob sie die Welt verfluchten oder segneten, sie haben sich ihr nie angepasst. Es ist wahr, dass die Menschen vor dem Stachel eines großen Satirikers wie vor dem Stachel einer Natter zurückgeschreckt sind. Aber es ist ebenso wahr, dass Menschen vor der Umarmung eines großen Optimisten fliehen wie vor der Umarmung eines Bären. Nichts bringt mehr Flüche herbei als ein echter Segen. Denn die Güte der guten Dinge ist ebenso wie die Schlechtigkeit der schlechten Dinge ein Wunder der Vergangenheit; Es soll eher dargestellt als ausgesprochen werden. Wir werden tiefer als die Tiefen des Himmels vorgedrungen sein und älter geworden sein als die ältesten Engel, bevor wir schon in den ersten schwachen Schwingungen die immerwährende Heftigkeit dieser doppelten Leidenschaft spüren, mit der Gott die Welt hasst und liebt. – Ich bin Ihr treu , „Raymond Percy.“

„Oh, ' oly , ' oly , ' oly !“ sagte Herr Moses Gould.

In dem Moment, in dem er gesprochen hatte, wussten alle anderen, dass sie sich in einem fast religiösen Zustand der Unterwerfung und Zustimmung befunden hatten. Etwas hatte sie zusammengehalten; etwas in der heiligen Tradition der letzten beiden Wörter des Briefes; Etwas lag auch in der rührenden und jungenhaften Verlegenheit, mit der Inglewood sie gelesen hatte – denn er hatte die dünnhäutige Ehrfurcht des Agnostikers. Moses Gould war auf seine Weise der beste Mensch, der je gelebt hat; viel freundlicher zu seiner Familie als raffiniertere Vergnügungsmenschen, einfach und standhaft in seiner Bewunderung, ein durch und durch gesundes Tier und durch und durch echten Charakter. Doch wo es Konflikte gibt, entstehen Krisen, in denen sich jede Seele, ob persönlich oder rassisch, unbewusst gegen die Welt mit dem hasserfülltesten ihrer hundert Gesichter wendet. Englische Ehrfurcht, irische Mystik, amerikanischer Idealismus blickten auf und sahen auf dem Gesicht von Moses ein gewisses Lächeln. Es war dieses Lächeln des zynischen Triumphanten, das der Auslöser für viele grausame Aufstände in russischen Dörfern oder mittelalterlichen Städten war.

„Oh, ' oly , ' oly , ' oly !“ sagte Moses Gould.

Als er feststellte, dass dies nicht gut aufgenommen wurde, erklärte er weiter, wobei sich in seinen dunklen, überschwänglichen Gesichtszügen eine Ausgelassenheit vertiefte.

„Es macht immer Spaß zu sehen, wie ein Kerl eine Wespe verschluckt, während er gerade eine Fliege frisst ", sagte er freundlich. „Siehst du denn nicht, dass du den alten Smith sowieso verpfuscht hast? Wenn die Geschichte des Pfarrers in Ordnung ist – dann ist Smith es nicht . Es ist hübsch . Wir finden ihn mit Miss Gray (bester Respekt!) in einem Taxi unterwegs . Nun, was ist mit dieser Mrs. Smith, von der der Pfarrer mit ihrer blasierten Schüchternheit spricht – verwandelt in eine verdorbene Schärfe? Miss Grey ist nicht sehr scharfsinnig, aber ich schätze, sie wird ziemlich schüchtern sein."

„Sei kein Unmensch", knurrte Michael Moon.

Niemand konnte den Blick heben, um Maria anzusehen; aber Inglewood warf einen Blick über den Tisch auf Innocent Smith. Er war immer noch über seinen Papierspielzeugen gebeugt, und auf seiner Stirn zeichnete sich eine Falte ab, die vielleicht Sorge oder Scham ausdrückte. Er riss vorsichtig eine Ecke eines komplizierten Papiers heraus und steckte es an einer anderen Stelle ein; dann verschwand die Falte und er sah erleichtert aus.

Kapitel III
Der runde Weg; oder der Desertionsvorwurf

Pym erhob sich in aufrichtiger Verlegenheit; denn er war Amerikaner, und sein Respekt vor Damen war real und keineswegs wissenschaftlich.

„Ich ignoriere", sagte er, „die heiklen und beträchtlichen ritterlichen Proteste, die durch das angeborene Redetalent meines Kollegen hervorgerufen wurden, und entschuldige mich bei allen, denen unsere wilde Suche nach der Wahrheit für die großen Ruinen eines Feudallandes ungeeignet erscheint Ich denke immer noch, dass die Frage meines Kollegen keineswegs ohne Relevanz ist . Die letzte Anklage gegen den Angeklagten betraf Einbruch; Der nächste Vorwurf in dem Papier betrifft Bigamie und Desertion. Es steht außer Frage, dass die Verteidigung in ihrem Bemühen, diesen letzten Vorwurf zu widerlegen, tatsächlich den nächsten zugegeben hat. Entweder wird Innocent Smith immer noch wegen versuchten Einbruchs angeklagt, oder der Fall wird explodiert; aber er ist für versuchte Bigamie ziemlich gut gewappnet. Es hängt alles davon ab, wie wir den angeblichen Brief von Pfarrer Percy beurteilen. Unter diesen Voraussetzungen fühle ich mich berechtigt, mein Recht auf Fragen in Anspruch zu nehmen. Darf ich fragen, wie die Verteidigung an den Brief von Pfarrer Percy gelangt ist? Kam es direkt vom Gefangenen?"

„Wir haben nichts Direktes vom Gefangenen erhalten", sagte Moon leise. „Die wenigen Dokumente, die die Verteidigung garantiert, kamen von einer anderen Seite zu uns."

„Aus welchem Viertel?" fragte Dr. Pym.

„Wenn Sie darauf bestehen", antwortete Moon, „haben wir sie von Miss Gray."

"DR. Cyrus Pym vergaß ganz, die Augen zu schließen und öffnete sie stattdessen ganz weit.

„Wollen Sie wirklich sagen", sagte er, „dass Miss Gray im Besitz dieses Dokuments war, das eine frühere Mrs. Smith aussagte?"

„Ganz richtig", sagte Inglewood und setzte sich.

Der Arzt sagte mit leiser und schmerzhafter Stimme etwas über Verliebtheit und fuhr dann mit sichtlicher Mühe mit seinen einleitenden Bemerkungen fort.

„ Leider wird die tragische Wahrheit, die die Erzählung von Pfarrer Percy offenbart, durch andere und schockierende Dokumente, die sich in unserem eigenen Besitz befinden, nur allzu erdrückend bestätigt. Die wichtigste und sicherste davon ist die Aussage des Gärtners von Innocent Smith, der bei der dramatischsten und aufschlussreichsten seiner vielen Taten ehelicher Untreue dabei war. Mr. Gould, der Gärtner, bitte."

Herr Gould erhob sich mit seiner unermüdlichen Fröhlichkeit, um den Gärtner vorzustellen. Dieser Beamte erklärte, dass er Herrn und Frau Innocent Smith gedient habe, als sie ein kleines Haus am Rande von Croydon besaßen. Aus der Erzählung des Gärtners mit ihren vielen kleinen Anspielungen ging Inglewood davon aus, dass er den Ort gesehen hatte. Es war eine jener Ecken einer Stadt oder eines Landes, die man nicht vergisst, denn sie wirkte wie eine Grenze. Der Garten hing sehr hoch über der Gasse und sein Ende war steil und scharf, wie eine Festung. Dahinter befand sich ein Streifen echtes Land, über den sich ein weißer Pfad erstreckte und über dem sich die Wurzeln, Stämme und Äste großer grauer Bäume wanden und gegen den Himmel wanden. Aber als wollte er behaupten, dass es sich bei der Gasse selbst um eine Vorstadtstraße handelte, hoben sich scharf vor dem grauen und schwankenden Hügelland ein Laternenpfahl ab, der eigentümlich gelbgrün gestrichen war, und ein roter Säulenkasten, der genau an der Ecke stand. Inglewood war sich des Ortes sicher; er hatte es in seinen Verfassungsprüfungen auf dem Fahrrad zwanzig Mal bestanden; Er hatte schon immer das unbestimmte Gefühl gehabt, dass es ein Ort war, an dem etwas geschehen könnte. Aber es jagte ihm einen ziemlichen Schauer über den Rücken, als er spürte, dass das Gesicht seines schrecklichen Freundes oder Feindes Smith jederzeit über den Gartenbüschen oben aufgetaucht sein könnte. Der Bericht des Gärtners war, anders als der des Pfarrers, völlig frei von dekorativen Adjektiven, wie viele er auch privat beim Verfassen des Berichts von sich gegeben haben mochte. Er sagte einfach, dass Mr. Smith eines bestimmten Morgens herauskam und anfing, mit einem Rechen herumzuspielen, wie er es oft tat. Manchmal kitzelte er die Nase seines ältesten Kindes (er hatte zwei Kinder); Manchmal hängte er den Rechen an den Ast eines Baumes und zog sich mit schrecklichen Turnbewegungen hoch, wie die eines riesigen Frosches in seinem Todeskampf. Anscheinend dachte er nie daran, die Rechen einem ihrer eigentlichen Zwecke zuzuführen, und der Gärtner behandelte seine Handlungen daher mit Kälte und Kürze. Aber der Gärtner war sich sicher, dass er (der Gärtner) an einem bestimmten Morgen im Oktober mit dem Schlauch um die Ecke des Hauses gekommen war und Herrn Smith in einer gestreiften rot-weißen Jacke auf dem Rasen stehen sah (was auch so gewesen sein könnte). Er trug seine Smokingjacke, war aber genauso wie ein Teil seines Schlafanzugs) und hatte gehört, wie er seiner Frau, die aus dem Schlafzimmerfenster auf den Garten blickte, diese entscheidenden und sehr lauten Ausdrücke zurief:

„Ich werde nicht länger hier bleiben. Ich habe weit weg von hier eine andere Frau und viel bessere Kinder. Meine andere Frau hat röteres Haar als deine, und in meinem anderen Garten ist die Lage viel schöner; und ich gehe zu ihnen."

Mit diesen Worten ließ er den Rechen offenbar weit in den Himmel fliegen, höher, als viele einen Pfeil hätten abschießen können, und fing ihn wieder auf. Dann sprang er mit einem Satz über die Hecke, sprang unten auf dem Feldweg auf und machte sich ohne Hut auf den Weg die Straße hinauf. Ein Großteil des Bildes wurde zweifellos durch Inglewoods zufällige Erinnerung an den Ort vermittelt. Er konnte mit seinem geistigen Auge die große, barhäuptige Gestalt mit dem zerlumpten Rechen sehen, wie sie die krumme Waldstraße hinaufstolzierte und Laternenpfähle und Säulenkasten zurückließ. Aber der Gärtner war aus eigener Erfahrung durchaus bereit, auf das öffentliche Bekenntnis zur Bigamie, auf das vorübergehende Verschwinden des Rechens am Himmel und das endgültige Verschwinden des Mannes oben auf der Straße zu schwören. Darüber hinaus konnte er als Einheimischer schwören, dass abgesehen von einigen lokalen Gerüchten , Smith sei an der Südostküste eingeschifft, nichts mehr über ihn bekannt sei.

Verteidigung beim dritten Angriff eröffnete . Weit davon entfernt, zu leugnen, dass Smith aus Croydon geflohen und auf dem Kontinent verschwunden war, schien er bereit zu sein, dies alles auf eigene Faust zu beweisen. „Ich hoffe, Sie sind nicht so isoliert“, sagte er, „dass Sie das Wort eines französischen Gastwirts nicht so sehr respektieren wie das eines englischen Gärtners.“ Mit Mr. Inglewoods Gunst werden wir den französischen Gastwirt hören.“

Bevor das Unternehmen über den heiklen Punkt entschieden hatte, las Inglewood bereits den fraglichen Bericht. Es war auf Französisch. Es kam ihnen so vor, als würde es so laufen :

„ Sir, – Ja; Ich bin Durobin von Durobin's Cafe am Meer in Gras, etwas nördlich von Dunquerque. Ich bin bereit, alles aufzuschreiben, was ich über den Fremden aus dem Meer weiß.

„Ich habe kein Verständnis für Exzentriker oder Dichter. Ein vernünftiger Mensch sucht nach Schönheit in Dingen, die absichtlich schön sein sollen, wie zum Beispiel einem gepflegten Blumenbeet oder einer Elfenbeinstatuette. Man lässt nicht zu, dass die Schönheit das ganze Leben durchdringt, so wie man nicht alle Wege mit Elfenbein pflastert oder alle Felder mit Geranien bedeckt. Mein Glaube, aber wir sollten die Zwiebeln verpassen!

„Aber egal, ob ich die Dinge in meinem Gedächtnis rückwärts lese oder ob es tatsächlich Atmosphären der Psychologie gibt, die das Auge der Wissenschaft noch nicht durchdringen kann, es ist die demütigende Tatsache, dass ich mich an diesem Abend wie ein Dichter fühlte – wie jeder kleine Schlingel ein Dichter, der im verrückten Montmartre Absinth trinkt.

„Das Meer selbst sah positiv aus wie Absinth, grün, bitter und giftig. Ich hatte noch nie gedacht, dass es so ungewohnt aussieht. Am Himmel herrschte die frühe und stürmische Dunkelheit, die so bedrückend auf den

Geist ist, und der Wind wehte schrill um den kleinen einsamen bunten Kiosk, in dem die Zeitungen verkauft werden, und entlang der Sandhügel am Ufer. Dort sah ich ein Fischerboot mit einem braunen Segel, das lautlos vom Meer aus aufstand. Es war schon ganz nahe, und ein Mann von monströser Statur kletterte heraus, der zum Ufer watete, wobei das Wasser ihm nicht bis zu den Knien reichte, obwohl es vielen Männern bis zu den Hüften reichte. Er stützte sich auf einen langen Rechen oder eine Stange, die wie ein Dreizack aussah und ihn wie einen Triton aussehen ließ. Nass, wie er war und mit Algenstreifen an ihm klebte, ging er zu meinem Café, setzte sich draußen an einen Tisch und bat um Kirschbrandy, einen Likör, den ich behalte, der aber selten nachgefragt wird. Dann lud mich das Monster mit großer Höflichkeit ein, vor meinem Abendessen einen Wermut zu trinken, und wir kamen ins Gespräch. Offenbar war er von Kent aus mit einem kleinen Boot übergesetzt, das er privat erstanden hatte, weil er den seltsamen Wunsch hatte, sofort in östlicher Richtung vorbeizufahren und nicht auf eines der offiziellen Boote zu warten. Er sei, erklärte er etwas vage, auf der Suche nach einem Haus. Als ich ihn natürlich fragte, wo das Haus sei, antwortete er, dass er es nicht wisse; es war auf einer Insel; es war irgendwo im Osten; oder, wie er es mit verschwommener und doch ungeduldiger Geste ausdrückte: „dort drüben".

„Ich fragte ihn, wie er, wenn er den Ort nicht kannte, ihn erkennen würde, wenn er ihn sah. Hier hörte er plötzlich auf, verschwommen zu sein, und wurde beunruhigend klein. Er beschrieb das Haus ausführlich genug für einen Auktionator. Ich habe fast alle Details vergessen, außer den letzten beiden, nämlich dass der Laternenpfahl grün gestrichen war und dass sich an der Ecke ein roter Säulenkasten befand.

„'Ein roter Säulenkasten!' Ich weinte vor Erstaunen. „Na, der Ort muss in England sein!"

„'Das hatte ich vergessen', sagte er und nickte schwer. „Das ist der Name der Insel."

„'Aber, *nom du nom* ', rief ich gereizt, ,du kommst gerade aus England, mein Junge.'

„'Sie SAGEN, es sei England', sagte mein Idiot verschwörerisch. „Sie sagten, es sei Kent. „Aber Männer aus Kent sind solche Lügner, dass man nicht glauben kann, was sie sagen."

„'Monsieur', sagte ich, ,Sie müssen mir verzeihen. Ich bin schon älter, und die *Fantasien* der jungen Männer sind mir unheimlich. Ich gehe vom gesunden Menschenverstand aus, oder im besten Fall von der Erweiterung des angewandten gesunden Menschenverstandes, die man Wissenschaft nennt.'

"'Wissenschaft!' rief der Fremde. „Es gibt nur eine gute Sache, die die Wissenschaft jemals entdeckt hat – eine gute Sache, eine frohe Botschaft großer Freude – dass die Welt rund ist."

„Ich sagte ihm höflich, dass seine Worte keinen Eindruck auf meine Intelligenz machten. „Ich meine", sagte er, „dass eine Umrundung der Welt der kürzeste Weg dorthin ist, wo man bereits ist."

„„Ist es nicht noch kürzer', fragte ich, ‚anzuhalten, wo du bist?'

"'Nein nein Nein!' er weinte nachdrücklich. „Dieser Weg ist lang und sehr beschwerlich." Am Ende der Welt, im Morgengrauen, werde ich die Frau finden, die ich wirklich geheiratet habe, und das Haus, das wirklich mir gehört. Und dieses Haus wird einen grüneren Laternenpfahl und einen röteren Säulenkasten haben. Wollen Sie", fragte er mit plötzlicher Intensität, „niemals aus Ihrem Haus rennen, um es zu finden?"

„„Nein, ich glaube nicht', antwortete ich; „Die Vernunft sagt einem Menschen von Anfang an, er solle seine Wünsche an die wahrscheinliche Versorgung mit Leben anpassen." Ich bleibe hier und bin zufrieden damit, das Leben eines Menschen zu erfüllen. Alle meine Interessen sind hier und die meisten meiner Freunde, und …"

„„Und doch', rief er und erhob sich zu seiner geradezu gewaltigen Größe, ‚du hast die Französische Revolution gemacht!'

„„Verzeihung', sagte ich, ‚ich bin nicht ganz so alt. Vielleicht ein Verwandter.'

„'Ich meine, deine Art hat es getan!' rief diese Persönlichkeit aus. „Ja, Ihr verdammt selbstgefälliger, sesshafter, vernünftiger Typ hat die Französische Revolution gemacht. Oh! Ich weiß, manche sagen, es hätte nichts gebracht und du seist wieder da, wo du vorher warst. Verdammt noch mal, genau da wollen wir alle sein – wieder da, wo wir vorher waren! Das ist Revolution – rundherum! „Jede Revolution ist wie eine Reue eine Rückkehr."

„Er war so aufgeregt, dass ich wartete, bis er wieder Platz genommen hatte, und dann etwas Gleichgültiges und Beruhigendes sagte; aber er schlug mit seiner gewaltigen Faust auf den winzigen Tisch und ging weiter.

„„Ich werde eine Revolution erleben, nicht eine Französische Revolution, sondern eine Englische Revolution. Gott hat jedem Stamm seine eigene Art der Meuterei gegeben. Die Franzosen marschieren gemeinsam gegen die Zitadelle der Stadt; Der Engländer marschiert allein bis an den Rand der Stadt. Aber ich werde auch die Welt auf den Kopf stellen. Ich werde mich auf den Kopf stellen. Ich werde kopfüber durch das verfluchte UpsideDownland der Antipoden gehen, wo Bäume und Männer mit dem Kopf nach unten in den Himmel hängen. Aber meine Revolution wird, wie Ihre, wie die der Erde, an dem heiligen, glücklichen Ort enden – dem himmlischen, unglaublichen Ort – dem Ort, an dem wir zuvor waren.'

„Mit diesen kaum mit der Vernunft in Einklang zu bringenden Bemerkungen sprang er vom Sitz auf und schritt in die Dämmerung hinaus, seinen Stock schwingend und eine überhöhte Zahlung zurücklassend, die auch auf einen gewissen Verlust des geistigen Gleichgewichts hindeutete. Dies ist alles, was ich über die Episode mit dem Mann weiß, der vom Fischerboot an Land ging, und ich hoffe, dass es der Gerechtigkeit dient. – Akzeptieren Sie, Sir, die Zusicherung der sehr hohen Wertschätzung, die mir die Ehre zuteil wird Ihr gehorsamer Diener „Jules Durobin ".

„Das nächste Dokument in unserem Dossier", fuhr Inglewood fort, „stammt aus der Stadt Crazok in der Zentralebene Russlands und lautet wie folgt:

„ Sir, mein Name ist Paul Nickolaiovitch : Ich bin der Bahnhofsvorsteher am Bahnhof in der Nähe von Crazok ." Die großen Züge fahren über die Ebene und bringen Menschen nach China, aber nur sehr wenige Menschen kommen am Bahnsteig an, wo ich aufpassen muss. Das macht mein Leben ziemlich einsam und ich bin stark auf die Bücher zurückgeworfen, die ich habe. Aber darüber kann ich nicht viel mit meinen Nachbarn diskutieren , denn aufgeklärte Ideen haben sich in diesem Teil Russlands nicht so weit verbreitet wie in anderen Teilen. Viele der Bauern hier haben noch nie von Bernard Shaw gehört.

„Ich bin Liberaler und gebe mein Bestes, liberale Ideen zu verbreiten; aber seit dem Scheitern der Revolution ist dies noch schwieriger. Die Revolutionäre begingen viele Taten, die im Widerspruch zu den reinen Prinzipien der Humanität standen, mit denen sie aufgrund des Mangels an Büchern tatsächlich nicht vertraut waren. Ich habe diese grausamen Taten nicht gebilligt, obwohl sie durch die Tyrannei der Regierung provoziert wurden; aber jetzt besteht die Tendenz, allen Intelligenten die Erinnerung an sie vorzuwerfen. Das ist für die Intelligenten sehr bedauerlich .

„Als der Eisenbahnstreik fast vorbei war und in großen Abständen ein paar Züge durchfuhren, stand ich eines Tages da und beobachtete einen einfahrenden Zug. Nur eine Person stieg weit oben am anderen Ende aus dem Zug aus davon, denn es war ein sehr langer Zug. Es war Abend, mit einem kalten, grünlichen Himmel. Ein wenig Schnee war gefallen, aber nicht genug, um die Ebene weiß zu machen, die sich in einer Art traurigem Lila in alle Richtungen erstreckte, außer dort, wo die flachen Gipfel einiger entfernter Hochebenen das Abendlicht wie Seen fingen. Als der einsame Mann neben dem Zug auf dem dünnen Schnee entlangstapfte, wurde er immer größer; Ich dachte, ich hätte noch nie einen so großen Mann gesehen. Aber ich glaube, er sah noch größer aus, als er war, denn seine Schultern waren sehr groß und sein Kopf vergleichsweise klein. Von den breiten Schultern hing eine zerfetzte alte Jacke, mattrot und schmutzigweiß gestreift, sehr dünn für den Winter, und eine Hand ruhte auf einer riesigen Stange, wie sie die Bauern zum Verbrennen des Unkrauts verwenden.

„Bevor er den gesamten Zug durchquert hatte, verfing er sich in einer dieser Gruppen von Rowdys, die die Glut der untergegangenen Revolution waren, obwohl sie sich größtenteils auf der Seite der Regierung blamierten. Ich war gerade dabei, ihm zu Hilfe zu kommen, als er seinen Rechen hochwirbelte und sich mit solcher Energie nach rechts und links bewegte, dass er sie unbeschadet durchquerte und direkt auf mich zuschritt, was sie völlig verblüfft und taumelnd zurückließ.

„Doch als er mich erreichte, nachdem er so abrupt sein Ziel bekräftigt hatte, konnte er nur ziemlich zweifelnd auf Französisch sagen, dass er ein Haus wollte.

„‚Hier in der Gegend gibt es nicht viele Häuser‘, antwortete ich in der gleichen Sprache, ‚im Viertel herrscht große Unruhe. Wie Sie wissen, wurde kürzlich eine Revolution unterdrückt. „Jedes weitere Gebäude –‘‘

‚‚Oh! „Das meine ich nicht so“, rief er; „Ich meine ein echtes Haus – ein lebendiges Haus.“ Es ist wirklich ein lebendiges Haus, denn es läuft mir davon.“

„‚Ich schäme mich zu sagen, dass mich etwas in seinem Satz oder seiner Geste zutiefst berührt hat. Wir Russen sind in einer Atmosphäre der Folklore aufgewachsen, und ihre unglücklichen Auswirkungen sind noch heute in den leuchtenden Farben der Kinderpuppen und der Ikonen zu sehen. Für einen Moment bereitete mir die Vorstellung, dass ein Haus vor einem Mann davonläuft, Freude, denn die Erleuchtung des Menschen schreitet langsam voran.

„‚Hast du kein anderes eigenes Haus?‘ Ich fragte.

„‚Ich habe es verlassen‘, sagte er sehr traurig. „Es war nicht das Haus, das langweilig wurde, sondern ich, der darin langweilig wurde.“ „Meine Frau war besser als alle Frauen, und doch konnte ich es nicht spüren.“

„‚Und so‘, sagte ich mitfühlend, ‚du bist direkt aus der Haustür gegangen, wie eine maskuline Nora.‘

„‚Nora?‘ erkundigte er sich höflich und vermutete offenbar, dass es sich um ein russisches Wort handelte.

„‚Ich meine Nora in „Das Puppenhaus“,‘‘ antwortete ich.

„Dabei sah er sehr erstaunt aus, und ich wusste, dass er ein Engländer war; denn Engländer denken immer, dass Russen nichts anderes als „Ukases“ lernen.

„‚Das Puppenhaus‘?‘ er weinte heftig; „Nun, genau da hat sich Ibsen so geirrt!“ Der Sinn und Zweck eines Hauses besteht darin, ein Puppenhaus zu sein. Erinnern Sie sich nicht daran, als Sie ein Kind waren, dass diese kleinen

Fenster Fenster waren, während die großen Fenster keine waren. Ein Kind hat ein Puppenhaus und schreit, als sich eine Haustür nach innen öffnet. Ein Banker hat ein richtiges Haus, doch wie viele Banker stoßen nicht den leisesten Schrei aus, wenn sich ihre echten Haustüren nach innen öffnen.‘

„Etwas aus der Folklore meiner Kindheit hielt mich immer noch törichterweise zum Schweigen; und bevor ich etwas sagen konnte, hatte sich der Engländer vorgebeugt und sagte mit einer Art lautem Flüstern: „Ich habe herausgefunden, wie man eine große Sache klein macht.“ Ich habe herausgefunden, wie man ein Haus in ein Puppenhaus verwandelt. Machen Sie einen langen Weg davon: Gott lässt uns durch seine große Gabe der Distanz alle Dinge in Spielzeug verwandeln. Lassen Sie mich einmal sehen, wie sich mein altes Backsteinhaus kaum vom Horizont abhebt, und ich werde gerne wieder dorthin zurückkehren. Ich werde den lustigen kleinen, grün bemalten Spielzeuglaternenpfahl am Tor sehen und all die lieben kleinen Leute, die wie Puppen aus dem Fenster schauen. Denn in meinem Puppenhaus lassen sich die Fenster wirklich öffnen.‘

"'Aber warum?' Ich fragte: „Sollten Sie in dieses bestimmte Puppenhaus zurückkehren wollen?“ Nachdem Sie wie Nora den mutigen Schritt gegen die Konvention getan haben, sich im konventionellen Sinne in Verruf gebracht haben und es gewagt haben, frei zu sein, warum sollten Sie dann Ihre Freiheit nicht nutzen? Wie die größten modernen Schriftsteller betont haben, war das, was Sie Ihre Ehe nannten, nur Ihre Stimmung. Sie haben das Recht, alles zurückzulassen, zum Beispiel die abgeschnittenen Haare oder die abgeschnittenen Nägel. Nachdem Sie einmal entkommen sind, haben Sie die Welt vor sich. Auch wenn Ihnen die Worte seltsam vorkommen mögen, sind Sie in Russland frei.‘

„Er saß mit seinen verträumten Augen auf den dunklen Kreisen der Ebene, wo das einzige, was sich bewegte, die lange und mühsame Rauchfahne aus der Eisenbahnlokomotive war, violett in der Tönung, vulkanisch in den Umrissen, die eine heiße und schwere Wolke davon kalter, klarer Abend von blassem Grün.

„Ja‘, sagte er mit einem tiefen Seufzer, ‚ich bin in Russland frei. Du hast Recht. Ich könnte wirklich in die Stadt dort drüben gehen und die Liebe noch einmal erleben und vielleicht eine schöne Frau heiraten und von vorne beginnen, und niemand könnte mich jemals finden. Ja, Sie haben mich auf jeden Fall von etwas überzeugt.‘

„Sein Ton war so seltsam und mystisch, dass ich mich gezwungen fühlte, ihn zu fragen, was er meinte und wovon ich ihn genau überzeugt hatte.

„„Sie haben mich überzeugt‘, sagte er mit dem gleichen verträumten Blick, ‚warum es wirklich böse und gefährlich für einen Mann ist, vor seiner Frau davonzulaufen.‘

„'Und warum ist es gefährlich?' Ich habe nachgefragt.

„'Nun, weil ihn niemand finden kann', antwortete dieser seltsame Mensch, ,und wir alle wollen gefunden werden.'

„'Die originellsten modernen Denker', bemerkte ich, ,Ibsen, Gorki, Nietzsche, Shaw, würden alle lieber sagen, dass das, was wir am meisten wollen, darin besteht, verloren zu gehen: uns auf unbekannten Pfaden wiederzufinden und beispiellose Dinge zu tun: zu brechen.' mit der Vergangenheit und gehören zur Zukunft.'

„Etwas schläfrig erhob er sich zu seiner vollen Größe und schaute sich um, was, wie ich gestehen muss, etwas trostlos wirkte – die dunkelvioletten Ebenen, die vernachlässigte Eisenbahn, die wenigen zerlumpten Gruppen von Unzufriedenen. „Ich werde das Haus hier nicht finden", sagte er. „Es geht immer noch nach Osten – immer weiter nach Osten."

„Dann drehte er sich mit einer Art Wut zu mir um und schlug mit dem Fuß seiner Stange auf die gefrorene Erde.

„'Und wenn ich in mein Land zurückkehre', schrie er, ,kann es sein, dass ich in einem Irrenhaus eingesperrt werde, bevor ich mein eigenes Haus erreiche. Ich war zu meiner Zeit etwas unkonventionell! Nun, Nietzsche stand in einer Reihe von Ladestöcken in der albernen alten preußischen Armee, und Shaw trinkt Mäßigkeitsgetränke in den Vorstädten; Aber die Dinge, die ich tue, sind beispiellose Dinge. Dieser Rundweg, den ich beschreite, ist ein unbetretener Weg. Ich glaube an einen Ausbruch; Ich bin ein Revolutionär. Aber sehen Sie nicht, dass all diese echten Sprünge, Zerstörungen und Fluchten nur Versuche sind, nach Eden zurückzukehren – zu etwas, das wir hatten, zu etwas, von dem wir zumindest gehört haben? Siehst du nicht, dass man nur den Zaun durchbricht oder auf den Mond schießt, um NACH HAUSE zu kommen?'

„'Nein', antwortete ich nach reiflicher Überlegung, ,ich glaube nicht, dass ich das akzeptieren sollte.'

„'Ah', sagte er mit einer Art Seufzer, ,dann haben Sie mir noch etwas Zweites erklärt.'

„'Wie meinst du das?' Ich fragte; 'welche Sache?'

„'Warum Ihre Revolution gescheitert ist', sagte er; und als er ganz plötzlich zum Zug ging, stieg er ein, gerade als dieser gerade davondampfte. Und als ich sah, wie sein langer, schlangenartiger Schwanz in den dunkler werdenden Ebenen verschwand.

„Ich habe ihn nicht mehr gesehen. Aber obwohl seine Ansichten im Widerspruch zu den fortschrittlichsten Gedanken standen, schien er mir eine interessante Person zu sein: Ich würde gerne herausfinden, ob er irgendwelche literarischen Werke hervorgebracht hat . – Ihr usw., „Paul Nickolaiovitch ".

Irgendetwas in dieser seltsamen Reihe von Einblicken in fremde Leben hielt das absurde Tribunal ruhiger als bisher, und wieder schlug Inglewood ohne Unterbrechung ein weiteres Papier auf seinem Stapel auf. „Das Gericht wird nachsichtig sein", sagte er, „wenn in der nächsten Note die besonderen Zeremonien unseres Briefschreibens fehlen." Es ist auf seine Weise feierlich genug: –

„Die himmlischen Prinzipien sind dauerhaft: Gruß. – Ich bin Wong-Hi und betreue den Tempel aller Vorfahren meiner Familie im Wald von Fu. Der Mann, der den Himmel durchbrach und zu mir kam, sagte, dass es sehr langweilig sein müsse, aber ich zeigte ihm, dass sein Gedanke falsch war. Ich bin tatsächlich an einem Ort, denn mein Onkel hat mich als Junge in diesen Tempel mitgenommen, und hier werde ich zweifellos sterben. Aber wenn jemand an einem Ort bleibt, wird er dafür sorgen, dass sich der Ort verändert. Die Pagode meines Tempels ragt lautlos aus allen Bäumen empor, wie eine gelbe Pagode über vielen grünen Pagoden. Aber der Himmel ist manchmal blau wie Porzellan, manchmal grün wie Jade und manchmal rot wie Granat. Aber die Nacht ist immer ebenholzfarben und kehrt immer wieder zurück, sagte der Kaiser Ho.

„Der Himmelsbrecher kam am Abend sehr plötzlich, denn ich hatte kaum eine Bewegung in den Wipfeln der grünen Bäume gesehen, über die ich wie über ein Meer blicke, wenn ich morgens auf die Spitze des Tempels gehe. Und doch war es, als wäre ein Elefant von den Armeen der großen Könige Indiens abgewichen, als er kam. Denn Palmen brachen, und Bambus brach, und einer trat im Sonnenschein vor dem Tempel hervor, größer als die Menschensöhne.

„Rote und weiße Streifen hingen um ihn herum wie Karnevalsbänder, und er trug eine Stange mit einer Zahnreihe darauf, die den Zähnen eines Drachen ähnelte. Sein Gesicht war weiß und verzerrt, nach der Art der Ausländer, so dass sie wie tote Männer voller Teufel aussahen; und er sprach unsere Rede gebrochen.

„Er sagte zu mir: ‚Das ist nur ein Tempel; Ich versuche, ein Haus zu finden.' Und dann erzählte er mir in unanständiger Eile, dass die Lampe vor seinem Haus grün sei und dass an der Ecke ein roter Pfosten stünde.

„‚Ich habe weder dein Haus noch irgendwelche Häuser gesehen', antwortete ich. „Ich wohne in diesem Tempel und diene den Göttern."

„‚Glaubst du an die Götter?' fragte er mit Hunger in seinen Augen, wie der Hunger von Hunden. Und das schien mir eine seltsame Frage zu sein, denn was sollte ein Mann tun, außer dem, was Menschen getan haben?

„‚Mein Herr', sagte ich, ‚es muss für Männer gut sein, ihre Hände zu heben, auch wenn der Himmel leer ist. Denn wenn es Götter gibt, werden sie erfreut sein, und wenn es keine gibt, dann gibt es auch keine, über die man unzufrieden sein könnte. Manchmal ist der Himmel aus Gold, manchmal aus Porphyr und manchmal aus Ebenholz, aber die Bäume und der Tempel stehen still unter all dem. So lehrte uns der große Konfuzius, dass wir, wenn wir mit unseren Händen und Füßen immer das Gleiche tun wie die weisen Tiere und Vögel, mit unserem Kopf viele Dinge denken: Ja, mein Herr, und an vielen Dingen zweifeln. Solange die Menschen zur richtigen Jahreszeit Reis anbieten und zur richtigen Stunde Laternen anzünden, spielt es keine Rolle, ob es Götter gibt oder nicht. Denn diese Dinge dienen nicht dazu, Götter zu besänftigen, sondern Menschen zu besänftigen.'

„Er kam noch näher an mich heran, so dass er riesig wirkte; dennoch war sein Blick sehr sanft.

„,Brich deinen Tempel', sagte er, ,und deine Götter werden befreit.'

„Und ich lächelte über seine Einfachheit und antwortete: ,Und wenn es keine Götter gäbe, hätte ich nichts als einen zerstörten Tempel.'

„Und darauf streckte dieser Riese, dem das Licht der Vernunft vorenthalten wurde, seine mächtigen Arme aus und bat mich um Vergebung. Und als ich ihn fragte, was ihm vergeben werden sollte, antwortete er: „Dass er Recht hatte."

„,Eure Idole und Kaiser sind so alt und weise und befriedigend', rief er, ,es ist eine Schande, dass sie falsch liegen sollten. Wir sind so vulgär und gewalttätig, wir haben dir so viele Ungerechtigkeiten angetan – es ist eine Schande, dass wir doch Recht haben sollten.'

„Und ich ertrug immer noch seine Harmlosigkeit und fragte ihn, warum er glaubte, dass er und seine Leute Recht hatten.

„Und er antwortete: ,Wir haben Recht, weil wir gebunden sind, wo Menschen gebunden sein sollten, und frei, wo Menschen frei sein sollten. Wir haben Recht, weil wir Gesetze und Bräuche anzweifeln und zerstören – aber wir zweifeln nicht an unserem eigenen Recht, sie zu zerstören. Denn Sie leben nach Bräuchen, wir aber leben nach Glaubensbekenntnissen. Schau mich an! In meinem Land heiße ich Smip . Mein Land ist verlassen, mein Name ist befleckt, weil ich auf der ganzen Welt danach strebe, was mir wirklich gehört. Ihr seid standhaft wie die Bäume, weil ihr nicht glaubt. Ich bin so wankelmütig wie der Sturm, weil ich glaube. Ich glaube an mein eigenes Haus, das ich wiederfinden werde. Und am Ende bleiben die grüne Laterne und der rote Pfosten.

„Ich sagte zu ihm: ,Am Ende bleibt nur die Weisheit.'

„Aber gerade als ich das Wort sagte, stieß er einen schrecklichen Schrei aus und rannte vorwärts und verschwand zwischen den Bäumen. Ich habe diesen Mann und auch keinen anderen Mann wieder gesehen. Die Tugenden der Weisen sind aus feinem Erz. „Wong-Hi."

„Der nächste Brief, den ich lesen muss", fuhr Arthur Inglewood fort, „wird wahrscheinlich die Natur des seltsamen, aber unschuldigen Experiments unseres Kunden deutlich machen." Es stammt aus einem Bergdorf in Kalifornien und lautet wie folgt:

„ Sir, – Eine Person, die auf die erforderliche ziemlich außergewöhnliche Beschreibung zutrifft, ist vor einiger Zeit sicherlich über den hohen Pass der Sierras gegangen, auf dem ich lebe und dessen einziger ortsansässiger Bewohner ich wahrscheinlich bin. Ganz oben auf diesem besonders steilen und bedrohlichen Pass betreibe ich eine rudimentäre Taverne, eher schlichter als eine Hütte. Mein Name ist Louis Hara, und der Name allein könnte Sie über meine Nationalität verwirren. Nun, es verwirrt mich sehr. Wenn man fünfzehn Jahre lang ohne Gesellschaft war, ist es schwer, Patriotismus zu entwickeln; und wo es nicht einmal einen Weiler gibt, ist es schwierig, eine Nation zu erfinden. Mein Vater war ein Ire vom wildesten und freischießendsten alten kalifornischen Schlag. Meine Mutter war eine Spanierin, stolz darauf, von den alten spanischen Familien rund um San Francisco abzustammen, wurde ihr aber dennoch vorgeworfen, sie sei mit indianischem Blut vermischt. Ich war gebildet und liebte Musik und Bücher. Aber wie viele andere Hybriden war ich zu gut oder zu schlecht für die Welt; und nachdem ich viele Dinge versucht hatte, war ich froh, in diesem kleinen Kabarett in den Bergen ein ausreichendes, wenn auch einsames Leben führen zu können. In meiner Einsamkeit verfiel ich in viele Verhaltensweisen eines Wilden. Wie ein Eskimo war ich im Winter formlos; Wie ein Indianer trug ich in heißen Sommern nichts als eine Lederhose und einen großen Strohhut, so groß wie ein Sonnenschirm, um mich vor der Sonne zu schützen. Ich hatte ein Bowiemesser am Gürtel und eine Langwaffe unter dem Arm; und ich wage zu behaupten, dass ich auf die wenigen friedlichen Reisenden , die zu mir hinaufsteigen konnten, einen ziemlich wilden Eindruck hinterlassen habe . Aber ich verspreche dir, ich habe noch nie so wütend ausgesehen wie dieser Mann. Im Vergleich zu ihm war ich Fifth Avenue.

„Ich wage zu behaupten, dass das Leben unter den höchsten Gipfeln der Sierra eine merkwürdige Wirkung auf den Geist hat; Man neigt dazu, sich diese einsamen Felsen nicht als spitz zulaufende Gipfel vorzustellen, sondern eher als Säulen, die den Himmel selbst tragen. Gerade Klippen segeln auf und ab, jenseits der Hoffnung der Adler; Klippen, die so hoch sind, dass sie die Sterne anzuziehen scheinen und sie sammeln, wie Meeresfelsen nur ein Glitzern von Phosphor sammeln. Diese Terrassen und Felstürme scheinen nicht wie kleinere Bergkämme das Ende der Welt zu bedeuten. Vielmehr scheinen sie sein schrecklicher Anfang zu sein: seine riesigen Fundamente. Wir konnten uns fast vorstellen, wie sich der Berg wie ein steinerner Baum über uns verzweigte und all diese kosmischen Lichter wie ein Kandelaber trug. Denn so wie uns die Gipfel im Stich ließen und uns unvorstellbar weit emporschossen, so drängten sich (wie es schien) die Sterne auf uns zu und kamen uns unvorstellbar nahe. Die Kugeln zerplatzten um uns herum eher wie Blitze, die auf die Erde geschleudert werden, als wie Planeten, die friedlich um sie kreisen.

„Das alles hat mich vielleicht in den Wahnsinn getrieben; Ich bin nicht sicher. Ich weiß, dass es einen Winkel der Straße unten am Pass gibt, wo der Felsen ein wenig nach außen geneigt ist, und in windigen Nächten habe ich das Gefühl, ihn über mir mit anderen Felsen kollidieren zu hören – ja, Stadt gegen Stadt und Zitadelle gegen Zitadelle, bis weit in die Nacht hinein . An einem solchen Abend kämpfte sich der fremde Mann den Pass hinauf. Im Großen und Ganzen kämpften sich nur fremde Männer den Pass hinauf. Aber so etwas hatte ich noch nie zuvor gesehen.

„Er trug (ich kann mir nicht vorstellen, warum) einen langen, heruntergekommenen Gartenrechen, ganz bärtig und mit Gräsern übersät, so dass er wie die Fahne eines alten Barbarenstamms aussah. Sein Haar, das so lang und struppig war wie das Gras, hing bis unter seine riesigen Schultern; und die Kleidung, die ihn umhüllte, bestand aus roten und gelben Lumpen und Zungen, so dass er aussah, als wäre er wie ein Indianer in Federn oder Herbstblätter gekleidet. Den Rechen oder die Heugabel oder was auch immer es war, benutzte er manchmal als Bergstock, manchmal (wie mir gesagt wurde) als Waffe. Ich weiß nicht, warum er es als Waffe hätte benutzen sollen, denn er hatte einen hervorragenden Sechsschützen in der Tasche und zeigte ihn mir später. „Aber DAS“, sagte er, „nutze ich nur für friedliche Zwecke.“ Ich habe keine Ahnung, was er meinte.

„Er setzte sich auf die raue Bank vor meinem Gasthaus und trank etwas Wein aus den Weinbergen unten und seufzte vor Ekstase darüber wie jemand, der lange zwischen fremden, grausamen Dingen gereist war und endlich etwas gefunden hatte, das er wusste. Dann saß er da und starrte ziemlich albern auf die grobe Laterne aus Blei und buntem Glas, die über meiner Tür hängt. Es ist alt, aber wertlos; Meine Großmutter hat es mir vor langer Zeit geschenkt: Sie war gläubig, und es kommt vor, dass das Glas mit einem groben Bild von Bethlehem und den Weisen und dem Stern bemalt ist. Er schien vom durchsichtigen Glanz des blauen Kleides Unserer Lieben Frau und dem großen goldenen Stern dahinter so fasziniert zu sein, dass er auch mich dazu brachte, mir das Ding anzusehen, was ich vierzehn Jahre lang nicht getan hatte.

„Dann wandte er langsam seinen Blick davon ab und blickte nach Osten, wo die Straße unter uns abfiel. Der Sonnenuntergangshimmel war ein Gewölbe aus sattem Samt, das an den Rändern des dunklen Bergamphitheaters in Lila und Silber verblasste ; Und zwischen uns und der Schlucht unten erhob sich aus der Tiefe der gerade, einsame Felsen, den wir Grüner Finger nennen, in die Höhe. Es hatte eine seltsame vulkanische

Farbe und war überall mit einer scheinbar unleserlichen Schrift zerknittert. Es hing dort wie eine babylonische Säule oder Nadel.

„Der Mann streckte schweigend seinen Rechen in diese Richtung aus, und bevor er sprach , wusste ich, was er meinte. Hinter dem großen grünen Felsen am violetten Himmel hing ein einzelner Stern.

„‚Ein Stern im Osten‘, sagte er mit einer seltsam heiseren Stimme wie einer unserer alten Adler.“ „Die Weisen folgten dem Stern und fanden das Haus.“ Aber wenn ich dem Stern folge, sollte ich dann das Haus finden?‘

„‚Es hängt vielleicht davon ab‘, sagte ich lächelnd, ‚ob du ein weiser Mann bist.‘ Ich verzichtete darauf hinzuzufügen, dass er ganz bestimmt nicht so aussah.

„‚Das können Sie selbst beurteilen‘, antwortete er. „Ich bin ein Mann, der sein eigenes Haus verlassen hat, weil er es nicht länger ertragen konnte, von dort weg zu sein.“

„‚Es klingt sicherlich paradox‘, sagte ich.

„‚Ich hörte meine Frau und meine Kinder reden und sah, wie sie sich im Raum bewegten‘, fuhr er fort, ‚und die ganze Zeit wusste ich, dass sie in einem anderen Haus gingen und redeten, Tausende von Kilometern entfernt, im Licht eines anderen Himmels und darüber hinaus die Serie der Meere. Ich liebte sie mit einer verschlingenden Liebe, denn sie schienen nicht nur fern, sondern auch unerreichbar. Noch nie schienen menschliche Geschöpfe so lieb und so begehrenswert: aber ich kam mir vor wie ein kalter Geist; Deshalb habe ich ihren Staub von meinen Füßen abgestreift, als Zeugnis. Nein, ich habe mehr getan. Ich verschmähte die Welt unter meinen Füßen, so dass sie sich wie ein Laufband im Kreis drehte.‘

„‚Meinst du wirklich‘, rief ich, ‚dass du die ganze Welt umrundet hast? „Ihre Sprache ist Englisch, und doch kommen Sie aus dem Westen.“

„‚Meine Pilgerreise ist noch nicht beendet‘, antwortete er traurig. „Ich bin Pilger geworden, um mich von der Verbannung zu erholen.“

„Etwas im Wort ‚Pilger‘ weckte in den Wurzeln meiner ruinösen Erfahrung Erinnerungen an das, was meine Väter über die Welt gefühlt hatten, und an etwas, woher ich kam. Ich schaute noch einmal auf die kleine abgebildete Laterne, die ich vierzehn Jahre lang nicht angeschaut hatte.

„‚Meine Großmutter‘, sagte ich mit leiser Stimme, ‚hatte gesagt, dass wir alle im Exil wären und dass kein irdisches Haus das heilige Heimweh heilen könnte, das uns Ruhe verbietet.‘

„Er schwieg eine lange Zeit und sah zu, wie ein einzelner Adler hinter dem Grünen Finger in die dunkler werdende Leere schwebte.

„Dann sagte er: ‚Ich glaube, deine Großmutter hatte recht‘ und stand auf und stützte sich auf seine Grasstange. „Ich denke, das muss der Grund sein“, sagte er – „ das Geheimnis dieses Menschenlebens, so ekstatisch und so unbefriedigt." Aber ich denke, es gibt noch mehr zu sagen. Ich denke, Gott hat uns aus gutem Grund die Liebe zu besonderen Orten, einem Herd und einem Heimatland geschenkt."

„„Das wage ich zu sagen', sagte ich. 'Welcher Grund?'

„„Denn sonst', sagte er und deutete mit seiner Stange auf den Himmel und den Abgrund, ‚wir könnten das anbeten.'

"'Wie meinst du das?' Ich forderte.

„'Ewigkeit', sagte er mit seiner rauen Stimme, 'der größte der Götzen – der mächtigste der Rivalen Gottes.'

„„Du meinst Pantheismus und Unendlichkeit und all das', schlug ich vor.

„„Ich meine', sagte er mit zunehmender Heftigkeit, ‚wenn es für mich ein Haus im Himmel gibt, wird es entweder einen grünen Laternenpfahl und eine Hecke haben oder etwas ganz so Positives und Persönliches wie einen grünen Laternenpfahl und eine Hecke. Ich meine, dass Gott mir befahl, einen Ort zu lieben und ihm zu dienen und alles zu tun, wie wild es auch sein mag, um ihn zu loben, damit dieser eine Ort ein Zeuge gegen alle Unendlichkeiten und Sophisten sei, dass das Paradies irgendwo ist und nicht irgendwo etwas und nicht irgendetwas. Und es würde mich nicht so sehr wundern, wenn das Haus im Himmel doch einen echten grünen Laternenpfahl hätte."

„Damit schulterte er seine Stange und schritt mit großen Schritten die gefährlichen Pfade hinunter und ließ mich mit den Adlern allein. Aber seit er weg ist, erschüttert mich oft das Obdachlosigkeitsfieber. Mich stören verregnete Wiesen und Schlammhütten, die ich noch nie gesehen habe; und ich frage mich, ob Amerika Bestand haben wird . – Mit freundlichen Grüßen, Louis Hara."

Nach kurzem Schweigen sagte Inglewood: „Und schließlich möchten wir das folgende Dokument als Beweismittel vorlegen :

„Das heißt, ich bin Ruth Davis und seit sechs Monaten Hausmädchen von Mrs. I. Smith im ‚The Laurels' in Croydon. Als ich kam, war die Dame allein mit zwei Kindern; Sie war keine Witwe, aber ihr Mann war weg. Sie hatte reichlich Geld übrig und schien sich nicht um ihn zu kümmern, obwohl sie oft hoffte, dass er bald zurückkommen würde. Sie sagte, er sei ziemlich exzentrisch und eine kleine Abwechslung tue ihm gut. Eines Abends letzte Woche trug ich das Teegeschirr auf den Rasen, als ich es fast fallen ließ. Das Ende eines langen Rechens wurde plötzlich über die Hecke gesteckt und wie eine Sprungstange gepflanzt; Und über die Hecke kam, genau wie ein Affe auf einem Stock, ein riesiger, schrecklicher Mann, ganz haarig und zerlumpt wie Robinson Crusoe. Ich schrie auf, aber meine Herrin stand nicht einmal von ihrem Stuhl auf, sondern lächelte und sagte, er wolle sich rasieren. Dann setzte er sich ganz ruhig an den Gartentisch und trank eine Tasse Tee, und da wurde mir klar, dass dies Mr. Smith selbst sein musste. Seitdem ist er hier geblieben und macht nicht wirklich viel Ärger, obwohl ich manchmal den Eindruck habe, dass er ein wenig geistig schwach ist. „Ruth Davis.

„PS – ich habe vergessen zu erwähnen, dass er sich im Garten umsah und sehr laut und deutlich sagte: ‚Oh, was für einen schönen Ort du hast;‘ als hätte er es noch nie zuvor gesehen.“

Der Raum war dunkel und schläfrig geworden; Die Nachmittagssonne schickte einen schweren Strahl aus pulverisiertem Gold darüber, der mit ungreifbarer Feierlichkeit auf den leeren Stuhl von Mary Gray fiel, denn die jüngeren Frauen hatten den Gerichtssaal vor der jüngsten Untersuchung verlassen. Mrs. Duke schlief noch, und Innocent Smith, der im Zwielicht wie ein großer Buckliger aussah, beugte sich immer näher zu seinen Papierspielzeugen. Aber die fünf Männer waren wirklich in die Kontroverse verwickelt und nicht darauf bedacht, das Tribunal zu überzeugen, sondern sich gegenseitig zu überzeugen, und saßen dennoch wie der Ausschuss für öffentliche Sicherheit am Tisch.

Plötzlich schlug Moses Gould ein großes wissenschaftliches Buch auf ein anderes, legte seine kleinen Beine gegen den Tisch, kippte seinen Stuhl so weit nach hinten, dass er unmittelbar in Gefahr war, umzufallen, stieß einen erschreckenden und lang anhaltenden Pfiff aus wie eine Dampfmaschine, und behauptete, es sei alles sein Auge gewesen.

Als Moon ihn fragte, was sein ganzes Auge sei, stürzte er sich erneut hinter die Bücher und antwortete mit großer Aufregung, indem er seine Papiere herumwarf. „All diese Märchen, die Sie vorgelesen haben“, sagte er. "Oh! rede nicht mit mir! Das bin ich nicht Müll und so, aber ich kenne Märchen, wenn ich sie höre . Bei einigen philosophischen Aspekten war ich etwas ratlos und fühlte mich geneigt, ein B. und S. zu machen. Aber wir leben in West ' Ampstead und nicht in ' Ell; Und das Wichtigste daran ist, dass einige Dinge passieren und andere nicht passieren . Das sind die Dinge, die nicht passieren ."

„Ich dachte“, sagte Moon ernst, „dass wir ganz klar erklärt haben –“

„Oh ja, alter Junge, das hast du ganz klar erklärt“, stimmte Mr. Gould mit außergewöhnlicher Redseligkeit zu. „Sie würden einen Elefanten vor der Haustür erklären, das würden Sie. Ich bin kein kluger Kerl wie du; Aber ich bin kein geborenes Naturtalent, Michael Moon, und wenn ein Elefant vor meiner Haustür steht, höre ich mir keine Erklärungen an. „Es hat einen Koffer“, sage ich. – „Meinen Koffer“, sagst du: „Ich reise gern , und eine Abwechslung tut mir gut.“ – „Aber das verdammte Ding hat Stoßzähne“, sage ich. – „Schau einem Geschenk nicht in den Mund “, sagst du, „sondern danke der Güte und der Anmut , die bei deiner Geburt gelächelt haben.“ – „Aber es ist fast so groß wie das Haus “, sage ich. – „Das ist die blühende

Perspektive", sagen Sie, „und die heilige Magie der Distanz." – „Na ja, die Trompete des Elefanten ist wie der Tag des Jüngsten Gerichts", sage ich. – „Das ist Ihr eigenes Gewissen, das mit Ihnen spricht." ‚Moses Gould', sagst du mit kummervoller und zärtlicher Stimme. Nun, ich habe genauso ein Gewissen wie Sie. Ich glaube das meiste, was man sonntags in der Kirche erzählt, nicht; und ich glaube diese Dinge nicht mehr , weil du darüber redest , als ob du in der Kirche wärst. Ich glaube, ein Elefant ist ein großes, großes, hässliches Tier – und ich glaube, Smith ist ein anderes Tier."

„Wollen Sie damit sagen", fragte Inglewood, „dass Sie immer noch an den Beweisen für die Entschuldigung zweifeln, die wir vorgebracht haben?"

„Ja, ich bezweifle es immer noch", sagte Gould herzlich. „Das ist alles ein bisschen zu weit hergeholt, und einiges davon ist etwas zu weit weg. „Wie können wir all diese Geschichten testen? „Wie können wir am Bahnhof in Kosky Wosky vorbeikommen und das ‚Pink ‚Un' kaufen oder was auch immer es war?" „Wie können wir in die Saloon-Bar auf dem Gipfel der Sierra Mountains gehen und gurgeln?" Aber jeder kann Buntings Pension in Worthing besichtigen."

Moon betrachtete ihn mit einem Ausdruck echter oder vermeintlicher Überraschung.

„ Jeder ", fuhr Gould fort, „kann Mr. Trip anrufen."

„Es ist ein tröstlicher Gedanke", antwortete Michael zurückhaltend; „Aber warum sollte jemand Mr. Trip anrufen?"

„Aus genau dem gleichen Grund", rief der aufgeregte Moses und hämmerte mit beiden Händen auf den Tisch, „ aus genau dem gleichen Grund, dass er mit den Herren Anbury und Bootle aus der Paternoster Row und mit Miss Gridleys Oberklasse kommunizieren sollte." Akademie in Endon und bei der alten Lady Bullingdon , die in Penge lebt."

„Um noch einmal auf die moralischen Wurzeln des Lebens einzugehen", sagte Michael, „warum gehört es zu den Pflichten eines Menschen, mit der alten Lady Bullingdon zu kommunizieren , die in Penge lebt?"

„Es gehört nicht zu den Pflichten des Menschen", sagte Gould, „und auch nicht zu seinen Freuden, das kann ich Ihnen sagen. Sie nimmt das Fladenbrot, macht Lady Bullingdon bei Penge. Aber es gehört zu den Pflichten eines Staatsanwalts, die unschuldige, tadellose Schmetterlingskarriere Ihres Freundes Smith zu verfolgen , und das gilt auch für alle anderen, die ich erwähnt habe."

„Aber warum holen Sie diese Leute hierher?" fragte Inglewood.

"Warum! Weil wir Beweise genug haben, um ein Dampfschiff zu versenken", brüllte Moses; „Weil ich die Papiere in meinem Büro habe und; denn dein kostbarer Unschuldiger ist ein Schurke und Omenzerstörer , und das sind die Omen, die er zerschlagen hat. Ich stelle mich nicht auf einen „

oly Mann" ein; Aber ich würde all diese armen Mädchen nicht für irgendetwas auf meinem Gewissen haben . Und ich denke, ein Kerl, der in der Lage ist, sie alle zu verlassen und vielleicht zu töten, ist in etwa in der Lage, eine Krippe zu knacken oder einen alten Schulmeister zu erschießen – also sind mir die anderen Themen auf die eine oder andere Weise egal."

„Ich denke", sagte Dr. Cyrus Pym mit einem raffinierten Husten, „dass wir diese Angelegenheit eher unregelmäßig angehen." Das ist wirklich die vierte Anklage auf dem Anklageblatt, und vielleicht sollte ich sie Ihnen besser in geordneter und wissenschaftlicher Weise vorlegen."

Nichts als ein leises Stöhnen von Michael durchbrach die Stille im sich verdunkelnden Raum.

Kapitel IV
Die wilden Hochzeiten; oder der Polygamievorwurf

„Ein moderner Mann", sagte Dr. Cyrus Pym, „muss, wenn er nachdenklich ist, das Problem der Ehe mit einiger Vorsicht angehen." Die Ehe ist eine Etappe – zweifellos eine geeignete Etappe – auf dem langen Weg der Menschheit hin zu einem Ziel, das wir uns noch nicht vorstellen können; was wir vielleicht noch nicht einmal begehren können. Was, meine Herren, ist die ethische Stellung der Ehe? Haben wir es überlebt?"

„Überlebt?" brach Mond aus; „Warum, niemand hat es jemals überlebt! Schauen Sie sich all die Menschen an, die seit Adam und Eva geheiratet haben – und alle so tot wie Hammel."

„Dies ist zweifellos eine Interpellation Es hat einen witzigen Charakter", sagte Dr. Pym kühl. „Ich kann nicht sagen, was Mr. Moons ausgereifte und ethische Sicht auf die Ehe sein könnte –"

„Das kann ich sagen", sagte Michael wütend aus der Dunkelheit. „Die Ehe ist ein Duell auf Leben und Tod, den kein Ehrenmann ablehnen sollte."

„Michael", sagte Arthur Inglewood mit leiser Stimme, „du MUSST ruhig bleiben."

"Herr. „Moon", sagte Pym mit außerordentlich guter Laune, „sieht die Institution wahrscheinlich eher antiquiert. Wahrscheinlich würde er es streng und einheitlich gestalten. Er würde die Scheidung einer großen Seele aus Stahl – die Scheidung eines Julius Cäsar oder eines Salt-Ring-Robinson – genauso behandeln, wie er einen unwichtigen Landstreicher oder Arbeiter behandeln würde , der seiner Frau aus dem Weg geht. Die Wissenschaft hat umfassendere und humanere Ansichten. So wie Mord für den Wissenschaftler ein Durst nach absoluter Zerstörung ist, so wie Diebstahl für den Wissenschaftler eine Gier nach eintönigem Erwerb ist, so ist Polygamie für den Wissenschaftler eine extreme Entwicklung des Instinkts für Vielfalt. Ein so geplagter Mensch ist nicht in der Lage, standhaft zu bleiben. Zweifellos gibt es eine physische Ursache für dieses Hin und Her von Blume zu Blume – ebenso wie zweifellos für das zeitweilige Stöhnen, das Mr. Moon im gegenwärtigen Moment zu quälen scheint. Unser eigener weltverachtender Winterbottom hat es sogar gewagt zu sagen: „Für einen bestimmten seltenen und feinen physischen Typ ist Polygamie nichts anderes als die Verwirklichung der Vielfalt der Frauen, so wie Kameradschaft die Verwirklichung der Vielfalt der Männer ist." Auf jeden Fall wird der zur Vielfalt neigende Typ von allen seriösen Forschern anerkannt. Wenn ein solcher Typ der Witwer einer Negerin ist, vermählt er sich in vielen nachgewiesenen Fällen mit *ihr Sekunde noces* ein Albino; Wenn ein solcher Typus aus den gigantischen Umarmungen einer Patagonierin befreit wird, entwickelt er sich oft aus seinem eigenen Vorstellungsinstinkt zur tröstenden Gestalt eines Eskimos. Es besteht kein Zweifel daran, dass der Gefangene zu einem solchen Typus gehört. Wenn blinder Untergang und unerträgliche Versuchung für einen Menschen eine leichte Entschuldigung darstellen, besteht kein Zweifel daran, dass er diese Ausreden hat.

„Zu Beginn der Untersuchung hat die Verteidigung echte ritterliche Idealität bewiesen, als sie die Hälfte unserer Geschichte ohne weitere Auseinandersetzung zugab. Wir möchten einen so überaus großherzigen Stil anerkennen und nachahmen, indem wir auch zugeben, dass die von Pfarrer Percy erzählte Geschichte über das Kanu, das Wehr und die junge Frau im Wesentlichen wahr zu sein scheint. Anscheinend heiratete Smith eine junge Frau, die er beinahe in einem Boot überfahren hätte; Es bleibt nur zu überlegen, ob es nicht freundlicher von ihm gewesen wäre, sie zu ermorden, anstatt sie zu heiraten. Zur Bestätigung dieser Tatsache kann ich der Verteidigung nun eine unbestreitbare Aufzeichnung einer solchen Ehe zugestehen .“

Mit diesen Worten überreichte er Michael einen Auszug aus der „Maidenhead Gazette“, in dem eindeutig die Heirat der Tochter eines „Trainers“, eines in der Gegend bekannten Tutors, mit Mr. Innocent Smith, einem verstorbenen Absolventen des Brakespeare College in Cambridge, verzeichnet war .

Als Dr. Pym fortfuhr, wurde ihm klar, dass sein Gesicht zugleich tragisch und triumphierend geworden war.

„Ich halte bei dieser vorläufigen Tatsache inne“, sagte er ernst, „denn diese Tatsache allein würde uns den Sieg bescheren, wenn wir nach dem Sieg und nicht nach der Wahrheit streben würden.“ Soweit uns das persönliche und häusliche Problem beschäftigt, ist dieses Problem gelöst. Dr. Warner und ich betraten dieses Haus in einem Moment höchst emotionaler Schwierigkeiten Englands Warner ist in viele Häuser eingedrungen, um die Menschheit vor Krankheiten zu retten; Diesmal trat er ein, um eine unschuldige Dame vor einer wandelnden Pest zu retten Smith war gerade dabei, ein junges Mädchen aus diesem Haus zu entführen; Sein Taxi und seine Tasche standen direkt vor der Tür. Er hatte ihr gesagt, dass sie im Haus seiner Tante auf die Heiratsurkunde warten würde. Diese Tante“, fuhr Cyrus Pym fort, dessen Gesicht sich großartig verdunkelte , „ diese visionäre Tante war das tanzende Irrlicht gewesen, das so manche hochbeseelte Jungfrau in den Untergang geführt hatte.“ In wie viele jungfräuliche Ohren hat er dieses heilige Wort geflüstert? Als er „Tante“ sagte, strahlte um sie herum die ganze Heiterkeit und hohe Moral des angelsächsischen Hauses. Wasserkocher begannen zu summen, Kätzchen zu schnurren, in diesem sehr wilden Taxi, das in die Zerstörung getrieben wurde.“

Inglewood schaute auf und stellte zu seinem Erstaunen (wie viele andere Bewohner der östlichen Hemisphäre festgestellt haben) fest, dass der Amerikaner nicht nur vollkommen ernst war, sondern auch wirklich eloquent und rührend – wenn man den Unterschied der Hemisphären bereinigte.

„Es ist daher erschreckend offensichtlich, dass der Mann Smith sich zumindest einer unschuldigen Frau dieses Hauses gegenüber als geeigneter Junggeselle dargestellt hat, obwohl er in Wirklichkeit ein verheirateter Mann ist. Ich stimme mit meinem Kollegen, Herrn Gould, darin überein, dass kein anderes Verbrechen an dies herankommt. Ob das, was unsere Vorfahren Reinheit nannten, tatsächlich einen endgültigen ethischen Wert hat, zweifelt die Wissenschaft mit stolzem Zögern. Aber wie zögerlich kann man angesichts der Niedrigkeit eines Bürgers sein, der es wagt, durch brutale Experimente an lebenden Frauen das Urteil der Wissenschaft in einem solchen Punkt vorwegzunehmen?

„Die Frau, von der Pfarrer Percy erwähnt, dass sie bei Smith in Highbury lebt, kann mit der Dame, die er in Maidenhead geheiratet hat, identisch sein oder auch nicht. Wenn ein kurzer, süßer Moment der Beständigkeit und Herzensruhe den Sturzbach seines verschwenderischen Lebens unterbrochen hat, werden wir ihm diese längst vergangene Möglichkeit nicht vorenthalten. Leider scheint er nach diesem mutmaßlichen Datum immer tiefer in den erschütternden Sumpf der Untreue und Scham gestürzt zu sein.“

Dr. Pym schloss die Augen, aber die unglückliche Tatsache, dass es kein Licht mehr gab , ließ dieses vertraute Signal ohne seine volle und angemessene moralische Wirkung zurück. Nach einer Pause, die fast den Charakter eines Gebets hatte, fuhr er fort.

„Der erste Fall der wiederholten und unregelmäßigen Hochzeiten des Angeklagten“, rief er aus, „stammt von Lady Bullingdon , die sich mit dem hohen Hochmut ausdrückt, der denen zu verzeihen ist, die von den Türmen einer normannischen und angestammten Festung aus auf die ganze Menschheit blicken.“ . Die Mitteilung, die sie uns geschickt hat, lautet wie folgt:

„Lady Bullingdon erinnert sich an den schmerzhaften Vorfall, auf den Bezug genommen wird, und hat keine Lust, sich im Detail damit zu befassen. Das Mädchen Polly Green war eine vollkommen geeignete Schneiderin und lebte etwa zwei Jahre im Dorf. Ihr ungebundener Zustand war sowohl für sie als auch für die allgemeine Moral des Dorfes schlecht. Lady Bullingdon ließ daher erkennen, dass sie die Heirat der jungen Frau befürwortete . Die Dorfbewohner, die Lady Bullingdon natürlich gefällig sein wollten , meldeten sich in mehreren Fällen; und alles wäre gut gewesen, wenn nicht die beklagenswerte Exzentrizität oder Verderbtheit des Mädchens Green selbst gewesen wäre. Lady Bullingdon vermutet, dass es dort, wo ein Dorf ist, auch einen Dorftrottel geben muss, und in ihrem Dorf gab es offenbar eines dieser elenden Geschöpfe. Lady Bullingdon hat ihn nur einmal gesehen, und ihr ist durchaus bewusst, dass es wirklich schwierig ist, zwischen echten Idioten und dem gewöhnlichen schweren Typ der ländlichen Unterschicht zu unterscheiden. Sie bemerkte jedoch, wie verblüffend klein sein Kopf im Vergleich zum Rest seines Körpers war; und tatsächlich scheint Lady Bullingdon die Tatsache, dass er am Wahltag mit der Rosette beider gegnerischer Parteien erschienen ist, die Sache völlig außer Zweifel zu lassen. Lady Bullingdon war verblüfft, als sie erfuhr, dass sich dieses geplagte Wesen als einer der Verehrer des betreffenden Mädchens ausgegeben hatte. Lady Bullingdons Neffe befragte den Unglücklichen zu diesem Punkt und sagte ihm, dass er ein „Esel" sei, wenn er von so etwas träume, und erhielt tatsächlich, zusammen mit einem schwachsinnigen Grinsen, die Antwort, dass Esel im Allgemeinen auf Karotten losgehen. Aber Lady Bullingdon war noch mehr erstaunt, als sie feststellte, dass das unglückliche Mädchen geneigt war, diesen monströsen Heiratsantrag anzunehmen, obwohl sie tatsächlich von Garth, dem Bestatter, einem Mann in einer weit höheren Position als ihr, zur Frau gebeten worden war. Lady Bullingdon konnte eine solche Vereinbarung natürlich keinen Moment lang ertragen, und die beiden Unglücklichen entkamen einer heimlichen Ehe. Lady Bullingdon kann sich nicht genau an den Namen des Mannes erinnern, glaubt aber, dass es Smith war. Er wurde im Dorf immer der Unschuldige genannt. Später glaubt Lady Bullingdon , dass er Green in einem Geistesausbruch ermordet hat."

„Die nächste Mitteilung", fuhr Pym fort, „ist durch ihre Kürze auffälliger, aber ich bin der Meinung, dass sie das Ergebnis angemessen vermitteln wird." Es stammt aus den Büros der Herausgeber Hanbury und Bootle und lautet wie folgt:

„ Sir, – Jahre. rcd . und Fortsetzung . notiert. Das Gerücht über die Schreibmaschine bezieht sich möglicherweise auf eine Miss Blake oder einen ähnlichen Namen, die vor neun Jahren hierherkam, um einen Orgelspieler zu heiraten. Der Fall war zweifellos neugierig und erregte die Aufmerksamkeit der Polizei. Das Mädchen arbeitete hervorragend bis etwa Oktober 1907, als es offenbar verrückt wurde. Der Bericht wurde damals verfasst, einen Teil davon füge ich bei . – Jahre usw., W. Trip.

„Die ausführlichere Aussage lautet wie folgt:

„Am 12. Oktober wurde von diesem Büro ein Brief an die Buchbinder Herren Bernard und Juke geschickt. Es wurde von Herrn Juke geöffnet und es wurde festgestellt, dass es Folgendes enthielt: „Sir, unser Herr Trip wird um 3 Uhr anrufen, da wir wissen möchten, ob es wirklich entschieden ist 00000073bb!!!!!" xy .' Darauf gab Mr. Juke, ein Mensch mit verspieltem

Gemüt, die Antwort: „Sir, ich bin in der Lage, als meine entschiedenste Meinung zu äußern, dass es nicht wirklich entschieden ist, dass 00000073bb!!!!!" xy . Jahre usw., „J. Juke.'

„Als unser Herr Trip diese außergewöhnliche Antwort erhielt, bat er um den Originalbrief von ihm und stellte fest, dass die Schreibmaschine tatsächlich diese wahnsinnigen Hieroglyphen an die Stelle der ihr diktierten Sätze gesetzt hatte. Unser Mr. Trip interviewte das Mädchen, da er befürchtete, dass sie sich in einem unausgeglichenen Zustand befände, und war nicht sehr beruhigt, als sie lediglich bemerkte, dass sie sich immer so verhielt, wenn sie die Drehorgel hörte. Sie wurde noch hysterischer und extravaganter und machte eine Reihe äußerst unwahrscheinlicher Aussagen – etwa, dass sie mit dem Drehorgelmann verlobt sei, dass er die Angewohnheit habe, ihr auf diesem Instrument ein Ständchen zu singen, und dass sie die Angewohnheit habe, zu spielen zurück zu ihm auf der Schreibmaschine (im Stil von König Richard und Blondel), und dass das musikalische Ohr des Orgelspielers so exquisit und seine Selbstverehrung so glühend war, dass er die Note der verschiedenen Buchstaben auf der Maschine erkennen konnte, und das auch tat von ihnen wie von einer Melodie entzückt. Zu all diesen Aussagen haben unser Herr Trip und der Rest von uns natürlich nur die Art von Zustimmung gegeben, die Personen gegeben wird, die so schnell wie möglich der Verantwortung für ihre Verwandten übergeben werden müssen. Aber als wir die Dame nach unten führten, erhielt ihre Geschichte die verblüffendste und sogar ärgerlichste Bestätigung; Denn der Orgelspieler, ein riesiger Mann mit kleinem Kopf und offensichtlich ein Wahnsinniger, hatte seine Drehorgel wie einen Rammbock an die Bürotüren geschoben und forderte lautstark seine angebliche *Verlobte* ... Als ich selbst auf die Bühne kam, warf er gerade seine großen, affenähnlichen Arme um sich und trug ihr ein Gedicht vor. Aber wir waren es gewohnt, dass Verrückte in unser Büro kamen und Gedichte vortrugen, und auf das, was folgte, waren wir nicht ganz vorbereitet. Der eigentliche Vers, den er aussprach, begann, glaube ich,

> „O lebendiges, unantastbares Haupt,
> Ringed –"

aber er kam nie weiter. Mr. Trip machte eine scharfe Bewegung auf ihn zu, und im nächsten Moment hob der Riese die Schreibmaschine der armen Dame wie eine Puppe auf, setzte sie auf die Orgel, ließ sie krachend aus der Bürotür laufen und rannte die Treppe hinunter Straße wie eine fliegende Schubkarre. Ich habe die Polizei mit der Sache beauftragt; aber von dem erstaunlichen Paar konnte keine Spur gefunden werden. Es tat mir selbst leid; denn die Dame war nicht nur angenehm, sondern auch ungewöhnlich gebildet für ihre Stellung. Da ich den Dienst der Herren Hanbury und Bootle verlasse, schreibe ich diese Dinge in ein Protokoll und überlasse es ihnen. (Unterzeichnet) Aubrey Clarke, Publishers' Reader.

„Und das letzte Dokument", sagte Dr. Pym selbstgefällig, „stammt von einer dieser hochherzigen Frauen, die in diesem Alter Ihre englische Mädchenzeit mit Hockey, der höheren Mathematik und jeder Form von Idealität vertraut gemacht haben."

„Sehr geehrter Herr (schreibt sie), – ich habe nichts dagegen, Ihnen die Fakten über den absurden Vorfall zu erzählen, den Sie erwähnen; Allerdings möchte ich Sie bitten, sie mit einiger Vorsicht zu kommunizieren, denn solche Dinge, so unterhaltsam sie auch abstrakt sein mögen, tragen nicht immer zum Erfolg einer Mädchenschule bei. Die Wahrheit ist folgende: Ich wollte, dass jemand eine Vorlesung über eine philologische oder historische Frage hält – eine Vorlesung, die zwar solide pädagogische Inhalte enthält, aber etwas populärer und unterhaltsamer als gewöhnlich sein sollte, da es die letzte Vorlesung des Semesters war . Ich erinnerte mich, dass ein Mr. Smith aus Cambridge irgendwo einen amüsanten Aufsatz über seinen eigenen, etwas allgegenwärtigen Namen geschrieben hatte – einen Aufsatz, der beträchtliche Kenntnisse der Genealogie und Topographie zeigte. Ich schrieb ihm und fragte, ob er kommen und uns eine gute Adresse über englische Nachnamen geben würde; und er tat es. Es war sehr hell, fast zu hell. Anders ausgedrückt: Als er die Hälfte geschafft hatte, wurde den anderen Herrinnen und mir klar, dass der Mann völlig verrückt war. Er begann ganz rational damit, sich mit den beiden Abteilungen Ortsnamen und Handelsnamen zu befassen, und er sagte (ich wage zu behaupten, völlig zu Recht), dass der Verlust jeglicher Bedeutung von Namen ein Beispiel für das Absterben der Zivilisation sei. Aber dann fuhr er ruhig fort und behauptete, dass jeder Mann, der einen Ortsnamen hatte, an diesem Ort leben sollte, und dass jeder Mann, der einen Handelsnamen hatte, diesen Beruf sofort übernehmen sollte; dass Menschen, die nach Farben benannt sind , sich immer in diesen Farben kleiden sollten und dass Menschen, die nach Bäumen oder Pflanzen (wie Buche oder Rose) benannt sind, sich mit diesen Gemüsesorten umgeben und schmücken sollten. In einer anschließenden kurzen Diskussion unter den älteren Mädchen wurden die Schwierigkeiten des Vorschlags deutlich und sogar eifrig hervorgehoben. Miss Younghusband machte zum Beispiel geltend, dass es ihr im Grunde unmöglich sei, die ihr zugewiesene Rolle zu spielen; Miss Mann befand sich in einem ähnlichen Dilemma, aus dem sie offenbar keine modernen Ansichten über die Geschlechter befreien konnten; und einige junge Damen, deren Nachnamen zufällig Low, Coward und Craven waren, waren ziemlich begeistert von der Idee. Aber das alles geschah erst später. Was im entscheidenden Moment geschah, war, dass der Dozent mehrere Hufeisen und einen großen Eisenhammer aus seiner Tasche hervorholte, seine unmittelbare Absicht verkündete, in der Nachbarschaft eine Schmiede zu errichten, und alle aufrief, sich für die gleiche Sache wie für einen Helden zu erheben Revolution. Die anderen Herrinnen und ich versuchten, den elenden Mann aufzuhalten, aber ich muss gestehen, dass gerade diese Fürsprache zufällig den schlimmsten Ausbruch seines Wahnsinns auslöste. Er schwenkte den Hammer und forderte wild die Namen aller; Und so kam es, dass Miss Brown, eine der jüngeren Lehrerinnen, ein braunes Kleid trug – ein rotbraunes Kleid, das, wie sie wusste, gut zu der wärmeren Farbe ihres Haars passte. Sie war ein nettes Mädchen, und nette Mädchen wissen über diese Dinge Bescheid. Aber als unser Wahnsinniger herausfand, dass wir wirklich eine Miss Brown hatten, die braun war, explodierte seine *fixe Idee* wie ein Pulvermagazin, und dort machte er im Beisein aller Mätressen und Mädchen der Dame in Rotbraun öffentlich einen Heiratsantrag Kleid. Sie können sich die Wirkung einer solchen Szene in einer Mädchenschule vorstellen. Wenn Sie es sich nicht vorstellen können, kann ich es zumindest nicht beschreiben.

„Natürlich ließ die Anarchie in ein oder zwei Wochen nach, und ich kann es jetzt als Witz betrachten. Es gab nur ein merkwürdiges Detail, das ich Ihnen sagen werde, da Ihre Anfrage von entscheidender Bedeutung ist. aber ich möchte, dass Sie es etwas vertraulicher als den Rest betrachten. Miss Brown, die in jeder Hinsicht ein ausgezeichnetes Mädchen war, verließ uns nur ein oder zwei Tage später ganz plötzlich und heimlich. Ich hätte nie gedacht, dass ihr der Kopf durch eine so absurde Aufregung wirklich verdreht sein würde. – Glauben Sie mir, mit freundlichen Grüßen, Ada Gridley.

„Ich denke", sagte Pym mit einer wirklich überzeugenden Einfachheit und Ernsthaftigkeit, „dass diese Briefe für sich selbst sprechen."

Mr. Moon erhob sich zum letzten Mal in einer Dunkelheit, die keinen Hinweis darauf gab, ob seine angeborene Ernsthaftigkeit mit seiner angeborenen Ironie vermischt war.

„Während dieser Untersuchung", sagte er, „aber insbesondere in dieser Schlussphase hat sich die Anklage ständig auf ein Argument verlassen; Ich meine die Tatsache, dass niemand weiß, was aus all den unglücklichen Frauen geworden ist, die Smith offenbar verführt hat. Es gibt keinerlei Beweise dafür, dass sie ermordet wurden, aber diese Implikation wird immer wieder gemacht, wenn die Frage gestellt wird, wie sie gestorben sind. Jetzt interessiert es mich nicht, wie sie starben, wann sie starben oder ob sie starben. Aber mich interessiert eine andere analoge Frage – die Frage, wie sie geboren wurden, wann sie geboren wurden und ob sie geboren wurden. Verstehe mich nicht falsch. Ich bestreite nicht die Existenz dieser Frauen oder die Wahrhaftigkeit derer, die ihnen Zeugnis gegeben haben. Ich bemerke lediglich die bemerkenswerte Tatsache, dass nur eines dieser Opfer, das Mädchen aus Maidenhead, ein Zuhause oder Eltern hat. Der Rest sind

Gäste oder Zugvögel – ein Gast, eine einsame Schneiderin, ein Junggesellenmädchen, das Schreibmaschine schreibt. Lady Bullingdon , die von ihren Türmchen aus blickte, die sie von den Whartons mit dem Geld des alten Seifensieders gekauft hatte, als sie versuchte, einen erfolglosen Gentleman aus Ulster zu heiraten – Lady Bullingdon, die von diesen Türmchen aus blickte, sah tatsächlich ein Objekt, das sie als „..." bezeichnete Grün. Mr. Trip aus Hanbury und Bootle hatte tatsächlich eine mit Smith verlobte Schreibmaschine. Miss Gridley ist zwar idealistisch, aber absolut ehrlich. Sie beherbergte, ernährte und unterrichtete eine junge Frau, die Smith erfolgreich verführen konnte. Wir geben zu, dass alle diese Frauen wirklich gelebt haben. Aber wir fragen uns immer noch, ob sie jemals geboren wurden?"

„Oh, verdammt !" sagte Moses Gould, erstickt vor Belustigung.

„Es könnte kaum ein besseres Beispiel für die Vernachlässigung echter wissenschaftlicher Prozesse geben", warf Pym mit einem ruhigen Lächeln ein. Wenn der Wissenschaftler einmal von der Tatsache der Vitalität und des Bewusstseins überzeugt wäre, würde er daraus auf den vorherigen Prozess der Zeugung schließen."

„Wenn diese Mädels", sagte Gould ungeduldig , „ wenn diese Mädels alle am Leben wären (alle am Leben, O!), würde ich einen Fünfer riskieren, sie wären alle geboren."

„Du würdest deinen Fünfer verlieren", sagte Michael ernst aus der Dunkelheit heraus. „Alle diese bewundernswerten Damen waren am Leben. Sie waren lebendiger, weil sie mit Smith in Kontakt gekommen waren. Sie waren mit Sicherheit alle am Leben, aber nur einer von ihnen wurde jemals geboren."

„Verlangen Sie von uns, dass wir glauben ...", begann Dr. Pym.

„Ich stelle Ihnen eine zweite Frage", sagte Moon streng. „Kann das jetzt tagende Gericht Licht in einen wirklich einzigartigen Umstand bringen? Dr. Pym sagte in seinem interessanten Vortrag über die sogenannten Beziehungen der Geschlechter, glaube ich, dass Smith der Sklave einer Gier nach Abwechslung war, die einen Mann zuerst zu einer Negerin und dann zu einem Albino führen würde, eine patagonische Riesin und dann zu einem winzigen Eskimo. Aber gibt es hier Hinweise auf eine solche Vielfalt? Gibt es in der Geschichte eine Spur eines gigantischen Patagoniers? War die Schreibmaschine ein Eskimo? Ein so malerischer Umstand wäre einer Bemerkung sicherlich nicht entgangen. War Lady Bullingdons Schneiderin eine Negerin? Eine Stimme in meiner Brust antwortet: „Nein!" Ich bin mir sicher, dass Lady Bullingdon eine Negerin, die so auffällig ist, dass sie fast sozialistisch ist, für eine Negerin halten würde, und selbst gegenüber einem Albino würde sie etwas Verwegenes empfinden.

„Aber gab es in Smiths Geschmack eine solche Vielfalt, wie der gelehrte Arzt sie beschreibt? Was unsere leichten Materialien betrifft, scheint genau das Gegenteil der Fall zu sein. Wir haben nur eine tatsächliche Beschreibung einer der Frauen des Gefangenen – den kurzen, aber äußerst poetischen Bericht des ästhetischen Pfarrers. „Ihr Kleid hatte die Farbe des Frühlings und ihr Haar die Farbe des Herbstlaubs." Herbstblätter haben natürlich verschiedene Farben , von denen einige im Haar ziemlich auffällig wären (z. B. grün); Ich denke jedoch, dass ein solcher Ausdruck am natürlichsten in den Farbtönen von Rotbraun bis Rot verwendet würde, insbesondere da Damen mit ihren kupferfarbenen Haaren häufig helle künstlerische Grüntöne tragen. Wenn wir nun zur nächsten Frau kommen, finden wir den exzentrischen Liebhaber, der, als ihm gesagt wird, er sei ein Esel, antwortet, dass Esel immer hinter Karotten her sind; eine Bemerkung, die Lady Bullingdon offensichtlich als sinnlos und zum natürlichen Tischgespräch eines Dorfidioten ansah, die aber eine offensichtliche Bedeutung hat, wenn wir annehmen, dass Pollys Haare rot waren. Als wir zur nächsten Frau übergehen, der Frau, die er von der Mädchenschule mitgenommen hat, bemerken wir, dass Miss Gridley bemerkt, dass die betreffende Schülerin „ein rotbraunes Kleid trug, das gut zu der wärmeren Farbe ihrer Haare passte " . Mit anderen Worten: Die Haarfarbe des Mädchens war etwas rötlicher als rotbraun. Schließlich deklamierte der romantische Orgelspieler im Büro einige Gedichte, die nur bis zu den Worten reichten:

> „O lebendiges, unantastbares Haupt,
> Ringed –"

Aber ich denke, dass eine umfassende Untersuchung der schlechtesten modernen Dichter uns zu der Vermutung verhelfen wird, dass „ringed with a glor of red" oder „ringed with his passion red" die Zeile war, die sich auf „head" reimte. Auch in diesem Fall gibt es daher gute Gründe anzunehmen, dass Smith sich in ein Mädchen mit kastanienbraunem oder dunkelrotem Haar verliebt hat – eher", sagte er und blickte auf den Tisch, „eher wie das von Miss Gray." Haar."

Cyrus Pym beugte sich mit gesenkten Augenlidern vor, bereit für eine seiner pedantischeren Anrufe; aber Moses Gould schlug sich plötzlich mit dem Zeigefinger auf die Nase, mit einem Ausdruck äußerster Verwunderung und Intelligenz in seinen leuchtenden Augen.

"Herr. „Moons Behauptung zum jetzigen Zeitpunkt", warf Pym ein, „steht, auch wenn sie wahr ist, nicht im Widerspruch zu der wahnsinnig-kriminellen Sichtweise von I. Smith, die wir an den Nagel gehängt haben. Mit einer solchen Komplikation hat die Wissenschaft schon lange gerechnet. Eine unheilbare Anziehungskraft auf eine bestimmte Art von körperlicher

Frau ist eine der häufigsten kriminellen Perversitäten , und wenn man sie nicht eng betrachtet, sondern im Lichte von Induktion und Evolution –"

„In diesem späten Stadium", sagte Michael Moon sehr leise, „kann ich mich vielleicht von einem einfachen Gefühl befreien, das mich während des gesamten Verfahrens gequält hat, indem ich sage, dass Induktion und Evolution möglicherweise ineinander übergehen." „The Missing Link" und all das ist für Kinder gut genug, aber ich spreche von Dingen, die wir hier wissen. Alles, was wir über den Missing Link wissen, ist, dass er vermisst wird – und er wird auch nicht vermisst werden. Ich weiß alles über seinen menschlichen Kopf und seinen schrecklichen Schwanz; Sie gehören zu einem sehr alten Spiel namens „Kopf gewinne ich, Zahl verlierst du." Wenn Sie die Knochen eines Kerls finden, beweist das, dass er vor langer Zeit gelebt hat; Wenn Sie seine Knochen nicht finden, beweist das, wie lange er gelebt hat. Das ist das Spiel, das Sie mit dieser Smith-Affäre gespielt haben. Weil Smiths Kopf im Vergleich zu seinen Schultern klein ist, nennt man ihn mikrozephalos; Wenn es groß gewesen wäre, hätte man es Wasser im Gehirn genannt. Solange das Serail des armen alten Smith ziemlich abwechslungsreich wirkte, war Abwechslung das Zeichen des Wahnsinns; jetzt, weil es ein wenig monoton wird – jetzt ist Monotonie das Zeichen des Wahnsinns. Ich leide unter allen Nachteilen, die das Leben als Erwachsener mit sich bringt, und ich werde bestimmt auch einige der Vorteile genießen; Und bei aller Höflichkeit schlage ich vor, dass Sie sich nicht mit langen Worten statt mit kurzen Begründungen schikanieren lassen oder Ihr Geschäft als Siegeszug betrachten, nur weil Sie ständig feststellen, dass Sie sich geirrt haben. Nachdem ich mich von diesen Gefühlen befreit habe, muss ich nur noch hinzufügen, dass ich Dr viele Ehen von Mr. Innocent Smith.

„Abgesehen von diesem roten Haar gibt es noch einen weiteren roten Faden, der sich durch diese vereinzelten Vorfälle zieht. Die Namen dieser Frauen haben etwas sehr Eigenartiges und Suggestives. Mr. Trip, Sie werden sich erinnern, sagte, er dachte, der Name der Schreibmaschine sei Blake, konnte sich aber nicht genau erinnern. Ich vermute, dass es Black gewesen sein könnte, und in diesem Fall haben wir eine merkwürdige Serie: Miss Green in Lady Bullingdons Dorf; Miss Brown an der Hendon School; Miss Black beim Verlag. Sozusagen ein Akkord aus Farben , der bei Miss Gray im Beacon House in West Hampstead endet."

In toter Stille fuhr Moon mit seiner Darlegung fort. „Was bedeutet dieser seltsame Zufall in Bezug auf Farben ? Persönlich kann ich keinen Moment daran zweifeln, dass es sich bei diesen Namen um rein willkürliche Namen handelt, die als Teil eines allgemeinen Schemas oder Witzes angenommen werden. Ich halte es für sehr wahrscheinlich, dass sie aus einer Reihe von Kostümen stammen – dass Polly Green nur Polly (oder Mary) meinte, wenn sie Grün trug, und dass Mary Grey nur Mary (oder Polly) bedeutete, wenn sie Grau trug. Das würde erklären –"

Cyrus Pym stand steif und fast blass da. „Wollen Sie eigentlich vorschlagen –", rief er.

„Ja", sagte Michael; „Das möchte ich vorschlagen. Soweit ich weiß, hat Innocent Smith viele Werberinnen und Hochzeiten hinter sich; aber er hatte nur eine Frau. Sie saß vor einer Stunde auf diesem Stuhl und unterhält sich jetzt im Garten mit Miss Duke.

„Ja, Innocent Smith hat sich hier, wie schon bei Hunderten anderen Gelegenheiten, nach einem klaren und völlig tadellosen Prinzip verhalten. Es ist seltsam und extravagant in der modernen Welt, aber nicht mehr als jedes andere Prinzip, das in der modernen Welt einfach angewendet wird. Sein Grundsatz lässt sich ganz einfach formulieren: Er weigert sich, zu Lebzeiten zu sterben. Er versucht sich durch jeden elektrischen Schlag in den Intellekt daran zu erinnern, dass er immer noch ein lebendiger Mann ist, der auf zwei Beinen durch die Welt geht. Aus diesem Grund schießt er auf seine besten Freunde; aus diesem Grund baut er Leitern und zusammenklappbare Schornsteine auf, um sein eigenes Eigentum zu stehlen; Aus diesem Grund stapft er um einen ganzen Planeten, um zu seinem eigenen Zuhause zurückzukehren. und aus diesem Grund pflegte er die Frau, die er mit ewiger Treue liebte, zu nehmen und sie (sozusagen) in Schulen, Pensionen und Geschäften zurückzulassen, damit er sie wieder zurückgewinnen konnte und wieder mit einem Überfall und einem romantischen Durchbrennen. Er versuchte ernsthaft, durch eine ständige Wiedereroberung seiner Braut das Bewusstsein für ihren ewigen Wert und die Gefahren, die man um ihretwillen eingehen musste, wachzuhalten.

„ Bisher sind seine Motive klar genug; aber vielleicht sind seine Überzeugungen nicht ganz so klar. Ich denke, dass Innocent Smith hinter all dem eine Idee hat. Ich bin mir keineswegs sicher, ob ich es selbst glaube, aber ich bin ganz sicher, dass es sich lohnt, dass ein Mann es ausspricht und verteidigt.

„Die Idee, die Smith angreift, ist folgende. Da wir in einer verflochtenen Zivilisation leben, sind wir dazu gekommen, bestimmte Dinge für falsch zu halten, die überhaupt nicht falsch sind. Wir sind zu dem Schluss gekommen, dass Ausbruch und Überschwang, Knallen und Toben, Verrotten und Zerstören falsch sind. An sich sind sie nicht nur verzeihlich; sie sind unantastbar. Es ist nichts Schlimmes daran, mit einer Pistole auf einen Freund abzufeuern, solange man ihn nicht treffen will und weiß, dass man es nicht tun wird. Es ist nicht falscher, als einen Kieselstein ins Meer zu werfen – weniger, denn hin und wieder landet man im Meer. Es ist nichts Falsches daran, einen Schornstein einzuschlagen und ein Dach zu durchbrechen, solange Sie nicht das Leben oder Eigentum anderer

Menschen verletzen. Es ist nicht falscher, ein Haus von oben zu betreten, als einen Koffer von unten zu öffnen. Es ist nichts Schlimmes daran, um die Welt zu laufen und dann in das eigene Haus zurückzukehren; Es ist nicht schlimmer, als durch den Garten zu gehen und in sein eigenes Haus zurückzukehren. Und es ist nichts Schlimmes daran, seine Frau hier, dort und überall aufzuheben, wenn ihr alle anderen im Stich lasst und nur an ihr festhaltet, solange ihr beide lebt. Es ist so unschuldig wie ein Versteckspiel im Garten. Sie assoziieren solche Taten mit der Schmähung einer rein snobistischen Assoziation, weil Sie der Meinung sind, dass es irgendwie abscheulich ist, in ein Pfandleihhaus oder ein Gasthaus zu gehen (oder dort gesehen zu werden). Sie denken, dass eine solche Verbindung etwas Schmutziges und Alltägliches an sich hat. Du liegst falsch.

„Die spirituelle Kraft dieses Mannes bestand genau darin, dass er zwischen Sitte und Glaubensbekenntnis unterschieden hat. Er hat die Konventionen gebrochen, aber er hat die Gebote gehalten. Es ist, als würde man einen Mann beim wilden Spielen in einer Glücksspielhölle finden, und man stellt fest, dass er nur um Hosenknöpfe spielt. Es ist, als ob man einen Mann erwischt, der sich heimlich mit einer Dame auf einem Ball in Covent Garden verabredet, und dann findet man heraus, dass es seine Großmutter ist. Alles ist hässlich und unglaubwürdig, außer den Fakten; An ihm ist alles falsch, außer dass er nichts Unrechtes getan hat.

„Dann wird gefragt: ,Warum führt Innocent Smith bis weit in sein mittleres Alter hinein eine absurde Existenz fort, die ihn so vielen falschen Anschuldigungen aussetzt?‘ Darauf antworte ich lediglich, dass er es tut, weil er wirklich glücklich ist, weil er wirklich urkomisch ist, weil er wirklich ein Mann und lebendig ist. Er ist so jung, dass das Klettern auf Gartenbäume und das Spielen alberner Streiche für ihn immer noch das sind, was sie einst für uns alle waren. Und wenn Sie mich noch einmal fragen, warum er als Einziger unter den Menschen mit solch unerschöpflichen Torheiten gefüttert werden sollte, habe ich darauf eine sehr einfache Antwort, die allerdings nicht gebilligt werden wird.

„Es gibt nur eine Antwort, und es tut mir leid, wenn sie Ihnen nicht gefällt. Wenn Innocent glücklich ist, dann deshalb, weil er unschuldig ist. Wenn er sich den Konventionen widersetzen kann, dann nur, weil er die Gebote halten kann. Gerade weil er nicht töten, sondern zum Leben erwecken will, ist eine Pistole für ihn immer noch genauso aufregend wie für einen Schuljungen. Nur weil er nicht stehlen will, weil er die Güter seines Nächsten nicht begehrt, hat er den Trick erlernt (oh, wie sehnen wir uns alle danach!), den Trick, seine eigenen Güter zu begehren. Nur weil er keinen Ehebruch begehen will, erreicht er die Romantik des Sex; nur weil er eine Frau liebt, hat er hundert Flitterwochen. Wenn er wirklich einen Mann ermordet hätte, wenn er wirklich eine Frau verlassen hätte, wäre er nicht in der Lage zu empfinden, dass eine Pistole oder ein Liebesbrief wie ein Lied sei – zumindest kein komisches Lied."

„Glauben Sie bitte nicht, dass mir eine solche Haltung leichtfällt oder dass sie in irgendeiner Weise meine Sympathien weckt. Ich bin ein Ire und ein gewisser Kummer steckt in meinen Knochen, der entweder auf die Verfolgungen meines Glaubens oder auf die Verfolgung meines Glaubens selbst zurückzuführen ist. Im Einzelnen habe ich das Gefühl, als ob der Mensch an eine Tragödie gebunden wäre und es keinen Ausweg aus der Falle des Alters und des Zweifels gäbe. Aber wenn es einen Ausweg gibt, dann, bei Christus und St. Patrick, ist dies der Ausweg. Wenn man so glücklich bleiben könnte wie ein Kind oder ein Hund, dann nur dadurch, dass man so unschuldig wie ein Kind oder so sündlos wie ein Hund wäre. Kaum und brutal gut zu sein – das mag der Weg sein, und vielleicht hat er ihn gefunden. Nun, nun, nun, ich sehe einen Ausdruck der Skepsis im Gesicht meines alten Freundes Moses. Herr Gould glaubt nicht, dass es einen Mann fröhlich machen würde, in jeder Hinsicht vollkommen gut zu sein."

„Nein", sagte Gould mit ungewöhnlicher und überzeugender Ernsthaftigkeit; „Ich glaube nicht, dass es einen Mann fröhlich machen würde, in jeder Hinsicht vollkommen gut zu sein."

„Nun", sagte Michael leise, „würdest du mir etwas sagen?" Wer von uns hat es schon einmal probiert?"

Es folgte eine Stille, ähnlich der Stille einer langen geologischen Epoche, die auf das Auftauchen eines unerwarteten Typs wartet; Denn schließlich erhob sich in der Stille eine gewaltige Gestalt, die die anderen Männer fast völlig vergessen hatten.

„Nun, meine Herren", sagte Dr. Warner fröhlich, „ich habe mich ein paar Tage lang ziemlich gut mit all dieser sinnlosen und inkompetenten Dummheit unterhalten lassen; aber es scheint ziemlich dünn zu sein, und ich bin für ein Abendessen in der Stadt verlobt. Unter den hundert Blumen der Vergeblichkeit auf beiden Seiten konnte ich keinen Grund erkennen, warum es einem Verrückten erlaubt sein sollte, mich im Hintergarten zu erschießen."

Er hatte seinen Seidenhut auf den Kopf gesetzt und segelte ruhig zum Gartentor, während ihm noch immer die fast klagende Stimme von Pym folgte: „Aber wirklich, die Kugel hat dich um mehrere Meter verfehlt." Und eine andere Stimme fügte hinzu: „Die Kugel verfehlte ihn um mehrere Jahre."

Es herrschte langes und größtenteils bedeutungsloses Schweigen, und dann sagte Moon plötzlich: „Wir haben mit einem Geist gesessen. Dr. Herbert Warner ist vor Jahren gestorben."

Kapitel V
Wie der große Wind vom Beacon House wehte

Mary ging zwischen Diana und Rosamund langsam im Garten auf und ab; Sie schwiegen, und die Sonne war untergegangen. Die im Westen offen gebliebenen Tageslichträume hatten ein warmes Weiß, das mit nichts anderem als einem Frischkäse verglichen werden kann; und die Linien aus pflaumenfarbenen Wolken, die über sie verliefen, hatten eine sanfte, aber lebendige violette Blüte, wie ein violetter Rauch. Der ganze Rest der Szene verschwand und verschwand in einem taubenähnlichen Grau und schien zu verschmelzen und zu Marias dunkelgrauer Gestalt aufzusteigen, bis sie mit dem Garten und dem Himmel bekleidet zu sein schien. Es war etwas in diesen letzten ruhigen Farben , das ihr einen Rahmen und eine Vormachtstellung verlieh; und die Dämmerung, die Dianas stattliche Gestalt und Rosamunds tapferere Erscheinung verbarg, stellte sie zur Schau und betonte sie und ließ sie als alleinige Dame des Gartens zurück.

Als sie endlich sprachen, war es offensichtlich, dass ein lange verstummtes Gespräch wiederbelebt wurde.

„Aber wohin bringt dich dein Mann?" fragte Diana mit ihrer praktischen Stimme.

„Zu einer Tante", sagte Mary; „Das ist nur der Witz. Es gibt wirklich eine Tante, und wir haben die Kinder bei ihr gelassen, als ich dafür gesorgt habe, dass ich aus der anderen Pension am Ende der Straße entlassen wurde. Wir nehmen uns nie mehr als eine Woche Urlaub dieser Art, aber manchmal nehmen wir auch zwei davon zusammen."

„Macht es der Tante viel aus?" fragte Rosamund unschuldig. „Natürlich wage ich zu sagen, dass es sehr engstirnig ist und – was ist das für ein anderes Wort? – wissen Sie, was Goliath war –, aber ich habe viele Tanten gekannt, die es für – na ja, albern halten würden."

"Dumm?" rief Maria mit großer Herzlichkeit. „Oh, mein Sonntagshut! Ich sollte es für albern halten! Aber was erwarten Sie? Er ist wirklich ein guter Mann, und es könnten Schlangen oder so etwas gewesen sein."

„Schlangen?" fragte Rosamund mit leicht verwirrtem Interesse.

„Onkel Harry hielt Schlangen und sagte, sie liebten ihn", antwortete Mary mit vollkommener Einfachheit. „Tante ließ ihn sie in seinen Taschen haben, aber nicht im Schlafzimmer."

„Und du –", begann Diana und zog ein wenig ihre dunklen Brauen zusammen.

„Oh, ich mache es wie Tante", sagte Mary; „Solange wir nicht länger als zwei Wochen von den Kindern getrennt sind, spiele ich das Spiel. Er nennt mich „ Manalive "; und du musst alles in einem Wort aufschreiben, sonst ist er ziemlich nervös."

„Aber wenn Männer so etwas wollen", begann Diana.

„Oh, was nützt es, über Männer zu reden?" rief Maria ungeduldig; „Na ja, man könnte genauso gut eine Romanautorin oder so etwas Schreckliches sein. Es gibt keine Männer. Es gibt keine solchen Leute. Da ist ein Mann; Und wer auch immer er ist, er ist ganz anders."

„ Es gibt also keine Sicherheit", sagte Diana mit leiser Stimme.

„Oh, ich weiß es nicht", antwortete Mary leichthin; „Es gibt nur zwei Dinge, die im Allgemeinen auf sie zutreffen. In bestimmten seltsamen Zeiten sind sie einfach in der Lage, auf uns aufzupassen, und sie sind niemals in der Lage, auf sich selbst aufzupassen."

„Es kommt ein Sturm auf", sagte Rosamund plötzlich. „Sehen Sie sich die Bäume da drüben an, weit weg, und die Wolken ziehen schneller."

„Ich weiß, woran du denkst", sagte Mary; „Und seid nicht dumm. Hören Sie nicht auf die Romanautorinnen. Du gehst die Königsstraße entlang; denn Gottes Wahrheit ist Gottes. Ja, mein lieber Michael wird oft extrem unordentlich sein. Arthur Inglewood wird noch schlimmer sein – er wird unordentlich sein. Aber wozu sonst all die Bäume und Wolken, ihr dummen Kätzchen?"

„Die Wolken und Bäume bewegen sich alle", sagte Rosamund. „Es zieht ein Sturm auf und das macht mich irgendwie ziemlich aufgeregt. Michael ist eigentlich eher wie ein Sturm: Er macht mir Angst und macht mich glücklich."

„Haben Sie keine Angst", sagte Mary. „Alles in allem haben diese Männer einen Vorteil; Sie sind diejenigen, die ausgehen."

Ein plötzlicher Windstoß durch die Bäume trieb die sterbenden Blätter über den Weg, und sie konnten das leise Brüllen der Bäume in der Ferne hören.

„Ich meine", sagte Mary, „sie sind die Art, die nach außen schaut und sich für die Welt interessiert." Es spielt überhaupt keine Rolle, ob es darum geht, zu streiten, Fahrrad zu fahren oder, wie der arme alte Innocent, die Enden der Welt niederzureißen. Bleiben Sie bei dem Mann, der aus dem Fenster schaut und versucht, die Welt zu verstehen. Halten Sie sich von dem Mann fern, der durch das Fenster schaut und versucht, Sie zu verstehen. Als der arme alte Adam mit der Gartenarbeit beschäftigt war (Arthur wird mit der Gartenarbeit fortfahren), kam die andere Sorte vorbei und schlich sich hinein, die böse alte Schlange."

„Du stimmst deiner Tante zu", sagte Rosamund lächelnd: „Keine Schlangen im Schlafzimmer."

„Ich war mit meiner Tante nicht ganz einer Meinung", antwortete Mary einfach, „aber ich denke, sie hatte Recht damit, Onkel Harry Drachen und Greifen sammeln zu lassen, solange es ihn aus dem Haus brachte."

Fast im selben Moment gingen im dunklen Haus Lichter an und verwandelten die beiden Glastüren zum Garten in Tore aus geschlagenem Gold. Die goldenen Tore wurden aufgerissen, und der riesige Smith, der so viele Stunden lang wie eine ungeschickte Statue gesessen hatte, kam geflogen, drehte Wagenräder über den Rasen und schrie: „Freigesprochen!" freigesprochen!" Den Schrei wiederholend, huschte Michael über den Rasen zu Rosamund und trieb sie wild in ein paar Schritte, die eigentlich ein Walzer sein sollten. Aber die Gesellschaft kannte inzwischen Innocent und Michael, und ihre Extravaganzen wurden fröhlich als selbstverständlich angesehen; Viel außergewöhnlicher war es, dass Arthur Inglewood direkt auf Diana zuging und sie küsste, als wäre es der Geburtstag seiner Schwester gewesen. Sogar Dr. Pym sah mit echtem Wohlwollen zu, obwohl er auf Tanzen verzichtete; denn tatsächlich hatte ihn die ganze absurde Offenbarung weniger beunruhigt als die anderen; Er ging fast davon aus, dass solche verantwortungslosen Tribunale und verrückten Diskussionen Teil der mittelalterlichen Mumien des Alten Landes waren.

Während der Sturm den Himmel wie mit Posaunen erschütterte, wurde im Inneren des Hauses ein Fenster nach dem anderen erleuchtet; Und bevor sich die Gesellschaft, unterbrochen von Gelächter und dem Schlagen des Windes, wieder zum Haus vorgetastet hatte, sahen sie, dass die große Affengestalt von Innocent Smith aus seinem eigenen Dachbodenfenster geklettert war und immer wieder brüllte: „ Beacon House!" um seinen Kopf wirbelte ein riesiger Baumstamm oder Baumstamm vom Holzfeuer unten, aus dem ein Strom aus purpurnen Flammen und violettem Rauch in die ohrenbetäubende Luft strömte.

Er war offensichtlich genug, um aus drei Landkreisen gesehen zu werden; Doch als der Wind nachließ und die Gesellschaft im Höhepunkt ihrer abendlichen Fröhlichkeit erneut nach Maria und ihm suchte, waren sie nicht zu finden.

Das Ende